최소한의
1억 습관

최소한의 1억 습관

김나연(요니나) 지음

저축부터 주식·ETF·ISA·금테크까지

쌈짓돈도 1억으로 불리는 부자 루틴

매일경제신문사

재테크는 적은 돈으로 하는 것이다

월급이 적고 소중해서 재테크는 꿈도 못 꾼다는 당신에게 들려주고 싶은 이야기가 있습니다.

"재테크, 하고는 싶은데 할 돈이 없어요."
"쥐꼬리만 한 월급으로 남는 게 없어요."
"돈 많은 사람이나 하는 것 아닌가요?"
"형편이 나아지면 그때 해 볼게요."

재테크를 시작하기도 전에 머릿속엔 이미 못 할 이유가 수백 가지입니다. 하지만 뜻밖에도, 우려와 달리 재테크는 수입이 적을 때 시작하는 게 오히려 유리합니다.

종잣돈 모으기의 기본 원칙은 뭘까요? 돈을 모으는 첫 번째 원칙은 바로 '소비를 통제하는 것'입니다. 그런데 이미 소비가 걷잡을 수 없이 늘어나, 습관으로 굳어버린 상태라면 되돌리는데 한참 고생을 하게 되지요. 수입이 늘었는데도 돈이 안 모이는 이유는 평소 소비 습관을 유지하기 때문입니다. 또한 여기에 더해 잘못 배운 재테크 지식으로, 여기저기에 손을 대봤지만 수습하기 힘든 상황이 되면서 더욱 난감해집니다. 흰 도화지에 그림 그리는 것과 이미 색이 어지럽게 칠해진 종이에 다시 그림 그리는 것은 전혀 다르지요. 안 좋게 굳어진 생각과 습관을 바꾸는 데는 시간과 에너지가 훨씬 더 많이 듭니다.

재테크에 관심이 없더라도, 재테크 안테나는 반드시 켜놓으세요. 그래야 잘못된 선택을 할 확률을 낮출 수 있습니다. 사람들이 대부분 돈에 대해 안 좋은 기억을 갖는 이유가 바로 '조급함' 때문입니다. 한 번의 실패가 발생하면 이후에는 걷잡을 수 없이 무너지지요. 당장 상황이 여의치 않아 돈을 모으지 못한다면 잃지라도 말아야 합니다. 그것이 우리가 재테크에 끊임없이 관심을 가져야 하는 이유입니다.

재테크의 궁극적인 목적은 '부자 되기'가 아닙니다. 돈 때문에 내가 원하는 목표를 포기하지 않고 좌절하지 않기 위한 것입니다. 부자는 처음부터 부자였을까요? 태어날 때부터 부자였던 사람도 있겠지만 대부분은 0원부터, 심지어 마이너스부터 시작한 사람도 있습니다. 그들이 지금 당장은 돈이 부족할지라도 달라질 미래의 삶을 그려보며 현재에 치열하게 모으는 선택을 통해 지금에 이르렀을 뿐입니다. 언제까지 이렇게 살지는 않을 것이라는 믿음이 있었기 때문이죠. 100원이 모여 1,000원이 됩니다. 또 1,000원을 10번 모으면 1만 원이 되고요. 부의 시작은 푼돈 모으기부터라는 것을 꼭 명심해야 합니다.

스무 살, 처음으로 돈에 대한 갈증이 생겼을 때 가장 먼저 했던 행동은 내가 쓸 수 있는 한 달 생활비에서 5만 원을 따로 빼, 1년짜리 정기적금에 가입한 것이었습니다. 사람들은 흔히 재테크를 말할 때 추가 수입에 대해 먼저 생각합니다. 평소 본인이 소비하던 수준이 있으니 지금의 행복을 포기하고 싶지 않지요. 그리고 추가 수입이 생기면 그걸 여유자금으로 저축하겠다는 계획입니다. 하지만 막상 돈이 생기면 미래보다 현재의 즐거움이 더 크게 느껴져 나를 위해 돈을 모으는 선택을 하기가 쉽지 않습니다.

또한 수입은 외부 영향에 의존할 수밖에 없습니다. 스스로 노력한다고 원하는 만큼까지 수입을 늘리기는 쉽지 않은 일입니다. 이런 이유로 저는 지금의 수입을 늘린다는 생각이 아니라, 오늘 커피 한 잔을 덜 마시는 것을 선택했습니다.

목표했던 한 달 저축 금액 5만 원을 모으려면 1주일에 1만 원을 덜 쓰면, 그러니까 하루에 약 1,666원을 아끼면 가능합니다. 이렇게 재테크의 첫 출발을 할 수 있는 돈을 통제하는 것부터 시작하니 소비에 대한 경각심도 생기고 정말 필요한 소비에만 집중하게 되었습니다. 비록 평소보다 생활비가 줄었지만, 목표가 있었기에 우울함보다는 오히려 설렘이 더 컸었습니다.

나이가 들수록 써야 할 돈은 많아집니다. 언젠가는 일할 수 없다는 걸 알기에, 하루라도 젊었을 때부터 준비가 필요합니다. 무엇보다 내 삶이 '돈'에 좌지우지 되기 싫었습니다. 스무 살 때 돈이 없어 친구와 놀이동산을 못 갔던 좌절을 다시 겪고 싶지 않았고, 시간과 체력은 충분한데도 돈 때문에 포기하는 것이 반복되지 않기를 바랐습니다. 그렇게 시작한 재테크는 1년이 지나니 소액 푼돈이 모여 목돈으로 바뀌는 재미가 쏠쏠했지요. 몇 년 후에는 500만 원 정도의 목돈도 생기자, 추가 수입에 대한 관심도 생겼습니다. 20대 중반까지 목표 금액이었던 1천만 원을 더 빠르게 모으고 싶었기 때문입니다. 그때 선택한 부업은 줄곧 해 오던 블로그를 이용한 대외 활동 및 서포터즈 활동이었습니다. 1건당 한 달 활동비가 10만 원 정도였고, 온오프라인 활동을 각 5:5 비율로 10개 정도 늘리면서 수익도 쏠쏠해졌습니다. 취업 준비생 시절에는 부업 활동 덕분에 관련 기업과 업종을 간접적으로 경험하면서, 앞으로 '나는 어떤 일을 하면서 살고 싶은가'를 진지하게 고민하는 소중한 시간을 가졌지요. 활동비는 서투르게 써 버리지 않고 저축과 비상금에 모두 넣었습니다. 2~3년간 만든 소비 통제 습관 덕분에 갑자기 늘어난 수입에도 흔들리지 않았기 때문입니다.

흔히 젊을 때 투자를 시작하면 좋은 여러 이유를 한 번쯤은 들어보셨겠지요. 잃어도 금방 회복할 수 있다는 것, 잃은 금액 자체가 그렇게 크지 않을 가능성이 높아 회복 속도가 빠르다는 것. 그것이 젊을 때부터 재테크를 시작해야하는 가장 큰 이유입니다.

이렇게 많이 알려진 사실 이외에도 제가 생각하는 결정적인 이유는 따로 있습니다. 바로 "경제 사이클은 끊임없이 오르락내리락 반복한다"라는 사실입니다. 투자 시장에 오래 머물러 있으면서 사이클을 여러 번 경험한 사람과 그렇지 않은 사람의 투자 내공 차이는 무시할 수 없습니다. 예를 들어 코로나 때 금융위기를 처음 겪은 사람과 그렇지 않은 사람과의 대처 방법이 완전히 달랐던 것처럼요.

이는 제가 실제로 겪은 일입니다. 코로나 때 금융위기 변동성을 처음 겪으니, 공포가 밀려왔습니다. 실시간으로 떨어지는 주식을 멍하니 바라볼 뿐 어떠한 행동도 취할 수 없었지요. 반면, 저를 투자의 세계로 인도한 지인은 떨어질 때마다 분할 매수로 사 모았다고 합니다. 무서워서 아무것도 못 하고 있는 저에게 "추가 매수에 확신이 없다면 무리하게 팔지 말고 잠시 비를 피해 기다려라"라고 조언했습니다. 이는 주식 용어로 '하락장'이 계속될 때, 섣부른 매매 대신 관망하라는 뜻으로 통합니다. 저는 그동안 저축으로 모은 종잣돈이 있어서 위기를 버틸 수 있었습니다. 공포를 기회로 활용한 그 지인은 며칠 만에 수익 구간으로 돌아섰고요. 주식시장이 진정되었을 때 어떻게 과감히 매수할 수 있었느냐고 묻자, 코로나 전에도 강도가 약한 금융위기가 여러 번 왔었고 그때의 경험을 통해 '좋은 주식은 오히려 저렴하게 추가 물량을 쌓을 기회가 주어진다'라는 말에 공감했다더군요. 변동성이 줄어들자, 저는 지인의 조언을 참고해 여러 종목 중 2개만 골라, 떨어질 때마다 소액으로 매수했습니다. 당시 계속되는 하락으로 S&P500과 나스닥 ETF는 -30%를 넘어섰습니다. 그렇게 매수한 지 며칠이 지났고 다시 반등하기 시작해 마침내 수익으로 돌아섰습니다. 좋은 주식이라고 생각하면 급락할 때 오히려 분할 매수로 물량을 쌓아야 한다는 걸 배웠고, 그 방법은 현재에도 유효합니다.

저는 지금도 여전히 매년 재테크 목표를 세우고 매일 가계부를 씁니다. 예적금 비중도 여전히 50%입니다. 그리고 20대 초, 목표했던 1,000만 원을 달성했습니다. 저는 이 방법으로 서른 살에 순자산 1억 원을 모았고 투자 공부도 함께 했습니다. 그 이후엔 투자 공부도 병행해 2억까지는 3년, 3억까지는 2년으로 점점 자산이 빠른 속도로 불어나고 있습니다. 이 시기 막연하게 모르고 낯설다는 이유로 투자는 애써 외면했었습니다. 우려와 달리 직접 해봤더니 오히려 조금 더 일찍 시작했더라면 좋았을 것 같다는 아쉬움이 남았죠. 이 책은 젊을 때 시작해야 할 재테크에 '투자'를 반드시 넣어야 한다는 경험담을 담아 쓴 책입니다. 저축과 투자를 동시에 시작하면, 목표했던 금액은 더 빠르게 눈앞에 다가올 테니까요.

그러니 당장 내가 통제할 수 있는 일에 집중해 보세요. 누구나 쉽게 할 수 있는 일이지만, 오랫동안 꾸준히 실천하는 사람은 드뭅니다. 하지만 계속 반복하기만 한다면 자산은 반드시 크게 쌓일 것입니다.

목차

4부   ISA 습관

7부   금 투자 습관

8부   환테크로 플러스 수익

워밍업

나만의 체크·신용카드를 고르자

오로지 혜택만을 위한 무분별한 카드 사용은 금지다. 현재 판매 중인 카드 종류는 셀 수 없이 많아, 이것저것 발급받고 사용하다 과소비로 이어질 수 있다. 반대로 상품을 알아보기 귀찮다는 이유로 20대 또는 직장인 카드 추천 목록처럼, 남들이 쓰는 카드가 내게도 맞을 것이라고 착각하고 고르는 것도 주의하자. 실제 카드는 열심히 쓰는데 혜택을 전혀 받고 있지 않는 일도 비일비재하다. 심지어 카드에 혜택이 있는지 모를 때도 있다. 조금만 관심을 가져도 그동안 놓친 카드 혜택이 생각보다 많음을 몸소 느낄 수 있다. 돈을 관리할 때는 사라지는 푼돈을 챙기는 주의력이 필요하다. 현재 내가 쓰는 카드가 소비에 보탬이 되는지 알고 싶다면 '카드 피킹률'을 계산해 보자.

내게 맞는 카드는 어떻게 고를까? 각자마다 소비 패턴이 다르기에 그동안 작성한 가계부 데이터를 참고하는 것이 가장 현명한 방법이다. 따라서 1년 이상 가계부 자료가 있으면 가장 좋다. 이 자료가 있다면 월마다 발생하는 이벤트나 달라지는 계절에 따라 소비 범위도 다양해진다. 지금 당장 카드를 골라야 한다면 최소 3개월 결산이라도 준비하자.

먼저 한 달 평균 카드 사용액을 찾는다. 카드 혜택을 받기 위해서는 전월 실적이 필요하므로 미리 평균 소비액을 확인하는 것이 중요하다. 만약 한 달에 60만 원을 소비한다면 전월 실적 카드를 30만 원짜리 2개로 나눠 쓸 수 있다. 아니면 40만 원과 20만 원 실적이 필요한 카드 2개, 또는 실적이 필요 없는 대신 혜택이 적은 무실적 카드로도 조합을 맞출 수 있다. 카드는 전월 실적만큼만 맞춰 사용하면 최대한 혜택을 누릴 수 있다. 신용카드로 혜택받을 만큼만 쓰고 나머지 소비는 체크카드를 이용해 소득공제 받는 방법을 추천한다.

그다음 단계는 고정 및 변동지출 중 혜택이 필요한 카테고리를 각 2~3개씩 정한다. 처음에는 이것저것 할인받고 싶지만 그러다 보면 카드 종류가 늘고 소비액도 증가하는 악순환이 펼쳐진다. 혜택 종류는 할인 후 캐시백이나 청구 할인 등으로 나누어지는데, 카드를 고를 때는 크게 중요하지 않다. 예를 들어 고정지출은 교통, 통신비 변동지출에서 식비(음료, 배달)나 문화생활(책) 등 소비 빈도가 잦은 카테고리로 선택한다. 이때 카드사 브랜드나 카드 디자인은 소비 혜택에 큰 영향을 주지 않으므로 고려 대상에서 제외하자.

최근 출시된 카드 중 일부는 혜택받은 실적을 반영하지 않는다. 10만 원을 결제하면서 5천 원 캐시백 혜택을 받았다면 10만 원 전액을 실적에 포함하지 않는 형식이다. 자칫 소소한 혜택을 얻으려다 매번 큰돈을 써야 할 수 있으므로 해당 카드의 혜택 유의 사항을 꼭 읽어보자. 또한 말일에는 카드사 애플리케이션에서 '실적 인정 금액'을 반드시 확인하자.

1. 어떤 결제 수단을 이용할까?

신용카드	체크카드	지역 화폐

2. 내게 필요한 카드 혜택은?
(고정지출 / 변동지출 포함하여 총 3가지 키워드를 고르자)

3. 뱅크샐러드 홈페이지 > 신용카드 > 나에게 맞는 신용카드 추천에서 카드 고르기
(신용카드, 체크카드 모두 확인 가능하다. 단, 무조건 수용보다 진짜 내게 적합한 카드인지 한 번 더 체크하자.)

지역 화폐로
똑똑한 소비 전략 세우기

최근까지는 별다른 혜택도 없는데 관리나 보관마저 불편한 현금 수요가 줄어드는 추세였다. 카드가 없으면 어떻게 살았을지 생각하고 싶지 않을 그때, 새롭게 등장한 결제 수단이 바로 '지역 화폐'다. 지역 소상공인, 전통시장 활성화를 위해 만든 결제 시스템이라 처음에는 사용 가능한 곳도 오프라인 매장 일부 또는 시장 근처이다 보니 관심 두는 사람이 그렇게 많지 않았다. 심지어 초창기에는 사용할 수 있는 매장이어도 직원이 사용법을 잘 몰라 거절당하거나 눈치 보는 빈도가 늘어나면서 점점 사람들의 기억 속에서 지워지고 있다. 그럼에도 불구하고 정부와 지자체는 다양한 혜택 제공과 적극적인 홍보를 통해 지역 화폐 인식 개선에 줄곧 힘쓰고 있다.

지역 화폐는 구매 시 일정한 비율로 할인해 준다. 또한 결제 금액만큼 현금영수증, 직불카드 소득공제 할인율인 30%, 전통시장은 40%까지 연말정산 반영이 가능하여 고물가 시대에 소비 부담을 덜어주고 있다. 사용 가능한 가맹점도 꾸준히 늘고 있어, 지역 화폐를 사용하기 좋은 환경으로 변하고 있다. 그래서 지역 화폐는 알뜰하게 활용하기 좋은 결제 수단으로 자리 잡았다. 사용할 수 있는 지역이나 결제 품목에 따라 종류가 세세하게 나뉘지만, 여기서 명칭은 '지역 화폐'로 통일하겠다.

지역 화폐는 신용카드처럼 없는 돈을 끌어다 먼저 소비하는 게 아닌, 선불카드처럼 미리 충전한 잔액에서 결제 금액을 차감하는 방식이다. 충전한 돈이 결제할 때마다 줄어드는 것을 실시간으로 반영할 뿐 아니라, 지역에 따라 직접 구매한 금액을 입력해서 보여주는 구조라 소비할 때도 보다 신중해진다. 지역 화폐 애플리케이션에서 잔액 관리와 현금영수증 자동 등록까지 설정할 수 있어 현금에 비해 신경 쓸 것이 많지 않다. 그동안 카드만 쓰다가 지역 화폐도 함께 이용하면 사용할 결제 수단이 늘어난다. 적응할 때까지 일시적으로 불편할 수 있겠지만, 그보다 할인받는 금액이 더 크기 때문에 포기할 수 없다.

이러한 장점이 있음에도 불구하고 만약 주위에서 지역 화폐를 쓰고 있지 않다면, 처음이라 느끼는 두려움과 의구심 때문에 당장 사용이 낯설 수 있다. 나 또한 여태껏 지역 화폐 애플리케이션에서 결제된 수많은 건수만 봐도, 이 제도를 몰랐을 땐 어떻게 살았나 싶을 정도로 새로운 세상인 것처럼 느껴진다. 지금도 결제 건수가 1건 이상인 매장에서만 사용하지만 실패한 적은 없다. 아직 아는 사람만 사용하는 것 같아도, 마니아층이 꽤 많으니 적극 활용하자. 지역 화폐를 사용할 수 있는 매장으로만 소비 패턴을 바꿨을 뿐인데 평소보다 소비가 줄어드는 효과를 즉시 얻을 수 있다. 학교 또는 직장, 자주 가는 근처 매장이 지역 화폐 사용이 가능한 곳이라면 바로 이용할 수 있다. 심지어 카페, 편의점 등에서 결제도 가능해 그동안 몰라 낭비했던 돈과 시간이 아쉬울 정도다. 이제는 지방 강의, 출장을 갈 때도 맛집은 지도 검색이 아닌 지역 화폐 애플리케이션으로 지역 화폐를 사용할 수 있는 곳부터 찾는다. 고작 할인율이 5~10%라고 생각할 수 있지만 푼돈이 목돈 되기에 충분하다.

지역 화폐 구매 및 활용법

해당 지역 거주자뿐만 아니라 다른 지역 거주자라도 원하는 지역의 화폐나 전국에서 이용할 수 있는 제로페이, 온누리상품권, 농할상품권, 수산대전상품권 등을 구매할 수 있다. 다만 현재는 지역 화폐를 관리하는 곳이 달라 여러 개의 애플리케이션으로 나뉘어있어, 이용에 번거롭긴 하지만 추후에는 통합될 것이다.

대부분의 지역 화폐는 판매 일정과 시간을 정해놓고 선착순으로 모집한다. 이후 잔여 판매분이 남아 있으면 필요 금액만큼 충전 후 결제할 수 있다. 지난번에 다른 지역에 놀러 갔다가 점심, 저녁을 지역 화폐 결제가 가능한 매장으로 방문했다. 결제 전 소비한 금액만큼 상품권을 바로 충전해서 사용했고, 앉은 자리에서 5% 할인받았다.

명절 연휴 기간에는 평소보다 5% 정도 추가 할인하거나 한도를 늘려 판매한다. 특정 기간에 소비하면 일정 비율만큼 환급해 주는 이벤트도 있어, 혜택 기간을 적극 활용한다면 더 많이 아낄 수 있다. 지역 화폐를 충전하기 위해서는 애플리케이션 다운로드와 회원 가입이 필요하다. 원하는 지역 화폐가 있으면 선택 후 금액을 입력한다. 예를 들어 10만 원을 충전하고자 할 때 5% 할인이라면 할인 금액 5,000원을 제외한 95,000원을 입금하는 방식이다.

인기 많은 지역 화폐는 몇 분 안에 빠르게 소진될 정도로 구매 경쟁이 치열하다. 무제한으로 구매하고 싶어도 1인당 보유할 수 있는 금액은 제한하고 있다. 만약 충동적으로 충전했다가 사용하지 않고 묵혀두고 있다면, 전혀 사용하지 않았다는 전제하에 취소할 수 있다. 하지만 취소 가능한 기간이 있으니 미리 알아두자. 일부 사용했을 경우, 지자체에서 정한 최저 비율(6~70%) 이상으로 이용하고 조건에 충족하면 남은 금액에서 할인받은 금액을 제외한 만큼 돌려받을 수 있다. 오프라인뿐만 아니라 온라인이나 배달 결제에서도 쓸 수 있도록 범위가 넓어지고 있다.

평소 신용, 체크카드 피킹률이 5% 이하라서 지역 화폐 할인보다 혜택을 누리지 못하고 있다면 결제 수단에 변화를 주는 것을 추천한다. 단, 주로 소비하는 매장에서 지역 화폐 결제가 가능해야 한다. 충전하기 전 사용 가능한 가맹점을 미리 확인하는 것이 중요하다. 무조건 할인된다고 쟁여두어 불필요한 소비를 늘리지 말자.

1억 TIP

현금영수증 발급은 최소한의 습관!

금액이 많든 적든 상관없이 현금, 지류 또는 모바일 상품권으로 거래했다면 현금영수증을 발급받아야 한다. 소득이 없거나 적다거나 지금 당장 내게 득이 되지 않더라도, 미리 습관을 만드는 것이 훨씬 중요하다. 귀찮고 번거롭다는 이유로 발급받지 않으면 자꾸 놓친다. 결국 연말정산에서 절세 받기도 어려워진다. 만약 현장에서 깜빡하고 현금영수증을 발급하지 못했다면 종이 영수증을 받아 놓자. 현금영수증을 발급할 수 있는 결제였다면 영수증 하단에 '현금 영수증(소득공제)'에 거래자 번호 0100000**** 또는 010***1234라고 적혀 있다. 다음날 국세청 홈택스 홈페이지에 들어가서 '현금영수증 자진 발급분 소비자 등록'을 검색한 후, 영수증에 적힌 정보로 직접 등록할 수 있다. 매일 할 필요는 없고 한 달에 한 번씩 몰아서 등록하고 완료한 영수증은 헷갈리지 않게 정리해두자.

앱테크로 소비와 자산을 모두 관리하자

어릴 때부터 소비에 있어 정가로 물건이나 서비스를 구매한 기억이 드물다. 이미 할인한 가격이라면 거기서 한 번 더 할인쿠폰을 쓰거나 포인트 적립 받는 등 조금이라도 혜택을 받아야 마음이 편했다. 구매하고 나서는 사진까지 첨부해 정성스럽게 리뷰를 썼고, 추가 포인트도 함께 얻어야지만 한 사이클이 끝났다. 심지어 우수 리뷰 선정으로 더 많은 선물을 받은 적도 있다. 혼자만 이득을 챙기는 것이 아니라 작성한 리뷰로 판매자에게도 도움을 주고 있다. 좋은 후기 작성하는 방법은 사진을 깔끔하게 찍고 소비자로서 느낀 부분과 판매자가 원하는 내용을 담는 것이다. 이미 베스트 리뷰가 있다면 한 번 읽어보면 도움받을 수 있다.

요즘은 스마트폰 애플리케이션으로 부수입을 만들거나 소비에 보태면서, 소득은 늘어나고 소비는 줄고 있다. 이를 앱으로 하는 재테크, 즉 '앱테크'라고 부른다. 애플리케이션 안에서 출석 체크, 퀴즈 풀기, 광고 보는 미션에 참여하거나 버튼을 누르는 등 약간의 수고로움과 시간을 투자한다. 이렇게 모은 포인트는 일정 비율에 따라 현금, 쿠폰 또는 모바일 상품권으로 바꿀 수 있다.

앱테크 유형에 따라 '소비형'과 '자산형' 두 가지 종류로 나눌 수 있다. 소비형은 모바일 상품권이나 해당 브랜드의 쿠폰 및 포인트로 받아 소비할 때 보탠다. 평소 즐겨 이용하는 브랜드라면 결제 금액을 줄이면서 생활비를 낮출 수 있다. 반면 앱테크로 받은 리워드를 쓰기 위해 불필요한 소비가 늘어날 가능성이 높다. 앱테크 초보자가 초반에 바짝 하다가 중도 포기하는 이유는 잦은 마케팅 노출로 본인도 모르게 은근슬쩍 소비가 늘어나기 때문이다. 분명 절약하려고 시작했는데 통장에 돈이 없다. 본인이 할인이나 특가 마케팅에 쉽게 지갑이 열리는 유형이라면 애플리케이션 알람을 끄고 기본 미션만 참여하자. 그럼에도 처음 목적과 달리 소비가 늘어난다면 소비형보다는 '자산형 앱테크'부터 시작하자.

자산형 앱테크는 말 그대로 리워드가 생길 때마다 자산이 늘어난다. 모은 포인트를 현금으로 바꾸거나 소수점 투자로 해외 주식에 넣을 수 있다. 배당주를 매수하면 매달 달러 배당도 받는다. 금값이 큰 폭으로 하락했을 때 모았던 포인트를 금으로 바꾸기도 한다. 현금화할 수 있는 포인트는 카드 대금으로 차감하는 방법도 있지만, 노력으로 얻은 포인트를 자산에 보태는 것도 꽤 괜찮은 방법이다. 카드값으로 사라지지 않고 자산을 쌓는 그 느낌이 또 색다르기 때문이다.

현재 매일 하는 앱테크만 50개가 넘는다. 언제 시간 내서 하냐는 질문을 가장 많이 받는다. 핸드폰으로는 게임이나 웹툰, SNS 또는 영상 보는 걸 줄이거나 아예 하지 않는 것을 목표 삼았다. 심지어 통화 시간도 5분 이내로 짧게 용건만 전달하고 끊는다. 말 그대로 전화는 진짜 급한 상황이거나 문서로 전달하기 어려운 내용일 때만 한다. 이런 자잘한 시간을 아끼고 모아 앱테크로 돈을 벌고 있다. 진짜 바쁘거나 하기 싫을 때는 현금화할 수 있는 자산형 앱테크만 한다. 출석 체크를 100% 못 하더라도 실망하지 않는다. 처음부터 이것저것 다운로드하는 것보다 필요한 애플리케이션으로 하나씩 늘려나가자. 하다 보면 가성비 낮은 앱테크가 생기는데, 그때는 과감하게 탈퇴 및 삭제하는 것도 중요하다.

1억 TIP	
	지금 바로 시작! 요니나 추천인 아이디
소비형 앱테크 (추천인 아이디)	**자산형 앱테크 (추천인 아이디)**
NH헬스케어 (NH04113102)	은행, 증권사 애플리케이션 → 이벤트 메뉴
뉴발란스 MyNB (K84O2SL7)	금모아 (yonina58)
비트버니 (A4DD33)	빗썸 (53B0PT0R6K)
FABLO (0ILBDD64)	돈농사 (요니나)
티머니GO (7215461)	모니모 (OX0OXS8)

적금 VS 예금, 뭐가 더 유리할까

종잣돈을 모으는 방법은 저축, 투자 등 여러 가지가 있다. 저축은 원금보장으로 자산을 모을 수 있어 장벽이 낮다. 하지만 금리가 물가상승률을 따라가지 못해 돈 모으는 속도는 느리다고 느낄 수 있다. 실제 저축액이 적으면 받는 이자도 적을 수밖에 없다. 첫 종잣돈을 모을 때는 아무래도 납입할 수 있는 금액이 많지 않아 단점이 더 잘 보인다. 투자는 분위기가 좋으면 돈 복사 경험도 할 수 있을 정도로 자산 불어나는 속도가 빠르다. 그렇다고 매번 시장이 좋을 수도 없거니와, 외부 영향도 많이 받는 편이라 위험이 늘 존재한다. 저축보다 수익이 적거나 원금마저 손해 보는 일도 비일비재하다. 자칫 장기투자 명목으로 저축 예치 기간보다 더 오래 종목을 보유하는 불상사도 생긴다. 아무래도 신경 써야 할 것이 저축보다 많아 장벽이 높은 것이 사실이다.

각자의 성향이 다르기에 종잣돈 모으는 방법에 옳고 그름을 따지는 것은 무의미하다. 당장 수익은 적더라도, 돈 모으는 습관을 함께 만들고 싶다면 저축으로 시작하자. 가끔 우대금리를 얻기 위해 조건을 신경 써야 하는 상품도 있다. 하지만 대부분 가입하고 만기 때까지 추가로 무언가 하지 않아도 시간만 지나면 원금과 이자를 받는 구조다. 이 기간을 활용해 미리 투자 공부를 하면서 저축 만기 자금 계획을 구상해 봐도 좋다. 한 가지 방법에만 올인해서 종잣돈을 모을 수도 있겠지만, 저축과 투자를 동시에 다루면 여러 상황에서 심리적으로 흔들리지 않고 꾸준히 자산을 만들 수 있다. 변동성이 큰 시장이거나 고금리가 지속될 때, 저축 자산으로 안전하게 모을 수 있으니 말이다. 반대로 금리가 내려가거나 주식 장이 좋을 때는 주식 투자를 통해 저축 금리보다 높은 수익률을 올릴 수 있다. 종잣돈 만들기 위한 첫 단계, '저축'에 대해 알아보자.

우리가 알고 있는 저축의 종류에는 적금과 예금이 대표적이다. 적금은 푼돈을 모아 목돈으로 만들어 주며 흔히 한 달에 얼마씩 저축할 때 이용한다. 저축하는 방식에 따라 정기적금과 자유적금으로 나눌 수 있는데, 정기적금은 매달 일정한 금액을 자동이체로 설정해 모으는 방식이다. 약속한 날짜에 납입하지 않으면 만기일이 연기되거나 원래의 이자보다 적게 받으며, 흔히 '강제성이 있는 저축'이라 말한다. 반면 자유적금은 이름처럼 자유롭게 저축할 수 있다. 매달 규칙적인 납입이 어렵거나 소득이 들쭉날쭉한 경우 활용한다. 정해진 납입 금액과 횟수 기준 없이 만기가 오면 해지할 수 있다. 이렇게 자율성이 크다보니 납입기간이 동일한 정기적금과 비교했을 때 금리가 0.1%p 이상 낮은 편이다. 약속된 기간 동안 꾸준히 납입할 수 있으면 이자를 더 받는 저축은 '정기적금'이다. 추가로 저축할 여유자금이 생기면 자유적금 하나 더 개설하거나 비상금통장에 저축하듯 비상금을 미리 만들 수 있다.

예금이란 적금에서 모은 목돈을 굴리는 저축 상품으로, 보통 100만 원 이상부터 가입할 수 있다. 가입하고 만기일까지 추가로 납입하거나 인출할 수 없고 통장에 묵히면서 이자를 계산한다. 상품 특성상 적금보다 신경 쓸 일이 더 없다.

그렇다면 적금과 예금 중 어떤 상품을 선택해야 할까? 종잣돈이 100만 원 이하라면 적금으로 목돈을 만들고 난 후, 만기된 자금 100만 원은 예금으로 굴린다. 이때 가입한 예금과 별개로 다시 새로운 적금에 가입하면서 예적금을 같이 운용한다. 쉽게 말해 돈이 계속 일할 수 있게 만드는 것이다.

또한 적금과 예금은 이자 계산법이 달라, 금리만 보고 선택하면 오히려 돈 모으는 속도가 느릴 수밖에 없다. 1년 만기를 기준으로 적금과 예금 이자가 발생하는 방법을 살펴봤을 때 적금 이자의 경우, 만약 오늘 10만 원을 넣었다면 만기까지 12개월간 이자를 받는다. 다음 달은 11개월, 그다음 달은 10개월로, 만기에 근접한 달은 1개월 이자만 나온다. 이를 합해 적금 이자로 지급한다. 예금 이자의 경우, 오늘 100만 원을 넣는다면 12개월 동안 계속 묵혀 있어 1년 치 온전한 이자를 받게 되는 순리다.

그러나 단순히 금리 비교만으로 저축 상품을 정하면 손해를 볼 수 있다. 예를 들어 120만 원 목돈을 1년 이내 사용할 일이 없다면 10만 원씩 굳이 나눠 적금에 넣지 말고, 120만 원을 예금에 저축하는 것이 유리하니 자신의 경우에 맞춰 잘 따져보는 것이 중요하다.

저축 종류	적금	예금
저축 금리	연 4%	연 2.5%
예치 금액	월 100만 원	1,200만 원
예치 기간	1년	1년
세전 이자	26만 원	30만 원

1억 TIP

적금 이자 많이 받는 방법

적금 자동이체 날짜는 매달 1일로 설정하자. 가입 날짜는 언제여도 상관없다. 예를 들어 1년 적금을 A는 1일, B는 20일로 이체일을 지정했을 경우 19일 동안 발생하는 이자는 만기 기한이 11개월까지 누적되면서 차이를 발생시키기 때문이다. 이미 가입한 적금이라도 해당 금융회사 어플에서 자동이체일을 변경할 수 있다. 이왕 저축한다면 1원이라도 더 많은 이자를 받자. 26주 적금, 52주 적금도 마찬가지다. 1,000원씩 증가하는 순방향보다 26,000원 또는 52,000원부터 시작하는 역방향으로 저축해야 더 많은 이자를 받을 수 있다.

05

통장 쪼개기로
돈의 흐름을 잡아라

가계부를 통해 한 달에 필요한 고정지출과 변동지출을 파악했다면, 이젠 통장을 나누어 본격적으로 돈을 관리할 차례다. 이 과정을 '통장 쪼개기'라고 한다. 꼼꼼하게 수입과 지출을 계획해도 매번 실패했다면 현재 어떻게 통장을 관리하고 있는지 다시 점검하자. 통장 하나에 월급, 소비, 비상금 등 모든 자산을 넣어두면 편할 수는 있어도 직관적인 흐름 파악이 어려워 돈을 모으기 힘들다. 특히 통장의 돈을 쓸 궁리부터 하는 편이라면 통장 쪼개기는 꼭 필요한 과정이다.

먼저, 목적 또는 사용 용도에 맞게 통장을 나누자. 예를 들어 월급 및 변동지출 통장, 고정지출통장, 비상금통장, 저축통장, 투자통장 등으로 쪼갤 수 있다. 통장 용도는 사람마다 다를 수 있으므로 내게 필요한 통장에 집중하면서 하나씩 늘려야 손에 익는다. 큰 틀

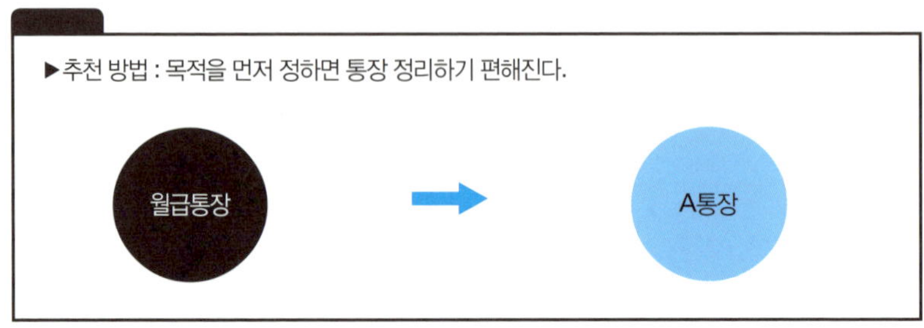

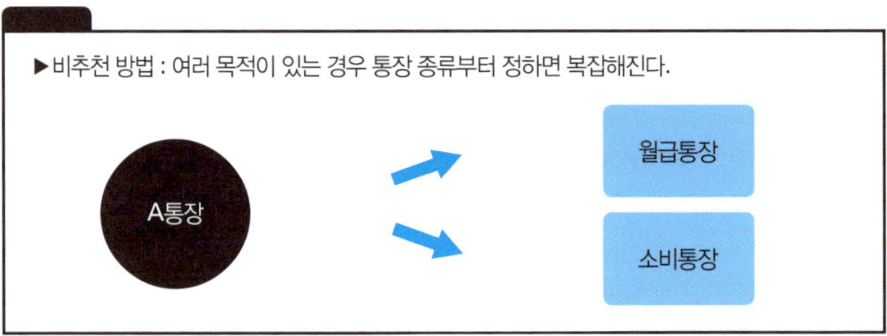

을 잡아 놓은 상태에서 어떤 통장을 어떻게 사용하고 있는지 추가로 정리하면 한눈에 보기 편하다.

월급통장은 변동지출도 함께 관리하는 빈도가 높다. 그러니 금리보다 수수료(이체, ATM 출금 등) 면제가 자유롭다는 특징에 집중하자. 대부분 월급통장에 고정지출을 연결해 월급날 앞뒤로 빠져나가게 설정하고, 남은 금액은 변동지출로 소비하며 다음 월급날을 기다릴 테니 말이다.

입출금통장의 경우, 매일 남은 총잔액을 기간별로 나누기 때문에 이자를 계산할 때 출금이 잦으면 좋지 않다. 통장 잔고가 없을 경우에도 제대로 된 이자를 받기는 어렵다. 오히려 고금리통장은 비상금이나 파킹통장으로 활용하는 게 이자 측면에서 유리하다. 만약 고정 수입보다 변동 수입이 더 많거나, 고정지출이 나가는 날짜를 월급 전후로 지정하지 않아 관리가 어렵다면 두 번째 소개할 고정지출통장을 추가해보자.

수입이 불규칙하거나 매달 빠져나가는 고정지출 빈도 또는 출금액이 많을 경우, 고정지출통장을 이용한다. 한 번만 설정하면 편하게 관리할 수 있으며, 이체 기간 동안 소소한 이자도 챙겨 받을 수 있다. 고정지출통장 특성상 타 금융회사로의 이체 거래가 대부분이다. 그러니 타행 자동이체 시 수수료 면제 횟수가 많고 월급통장보다 금리가 높은 것을 고르자. 활용 방법은 고정지출을 해당 통장으로 몰고 매월 1일은 한 달 동안 빠져나갈 고정지출 금액을 넣어둔다. 이체 날짜에 맞춰 고정지출은 자동으로 빠져나가고 월말에 남은 잔고는 비상금통장으로 옮겨 고정지출통장 잔액 0원을 만든다. 이렇게 관리하면 연체 걱정할 필요 없이 깔끔하게 정리 가능하니 적극 권장한다.

돈 모으기를 중도 포기하지 않는 방법은 명확한 목표를 잃지 않는 것도 역시 중요하지만, 급하게 돈이 필요할 때 해지하지 않고 예적금 저축 상품을 보호하는 것이다. 이때, 비상금통장이 필요하다. 비상금통장은 소비에 부족한 자금으로 사용하기 위한 용도가 아니다. 이름 그대로 '비상시'에 꺼내 쓰기 위해 미리 자금을 모으는 통장이다. 건강이 좋지 않거나 피치 못할 사정으로 수입이 끊겼을 때 생존에 필요한 돈이다.

변동 수입이 주된 업무일 때 코로나로 잡혀있던 일마저 모두 끊긴 상황이었다. 급하게 소비를 줄였지만, 숨만 쉬어도 빠져나가는 지출을 해결해야 했다. 이때가 재테크를 시작하고 나서 가장 큰 위기였고, 그때 처음으로 그동안 모은 비상금통장 일부를 꺼내 긴급 생존자금으로 사용했다. 비상금통장 덕분에 수입이 급격하게 줄었을 때도 필수 생활비와 이미 가입한 저축을 중도해지하지 않고 만기까지 갖고 갈 수 있었다. 그렇다면 비상금은 얼마나 모아야 할까? 실직했을 때를 기준으로 월급의 3배 정도 모으는 것을 권장하지만 개인 상황에 따라 금액은 다르다. 수입이 불규칙적으로 들어오거나 변동 수입 비중이 높으면 순자산의 10%를 목표로 자산이 늘어날 때마다 비상금 규모도 늘려나갈 수 있다. 만약 늘어난 비상금에 자꾸 소비유혹이 생긴다면 무리하게 잔고를 늘리는 것보다 저축이나 투자로 돈을 묶어두는 것이 더 낫다.

비상금통장의 종류로는 'CMA 계좌'와 '파킹통장'이 대표적이다. 입출금이 자유롭고 일반 계좌보다 금리가 높다는 공통적인 특징을 갖고 있다. 예적금으로 일정 기간 묶어두기 부담되거나, 중도

해지 가능성이 있다면 잠시 맡겨두는 통장 또는 비상시 필요한 자금 만드는 것으로 활용하자.

먼저 CMA 계좌를 살펴보자. 만약 증권사에서 개설한 '입출금이 자유로운 계좌'로 주식 투자를 하고 있는 사람이라면 들어봤을 익숙한 통장이다. 주식계좌에 돈이 있으면 주식 예탁금 이용료 0.2~1% 정도를 받는다. 물론 지금 소개하는 비상금 계좌용 CMA 통장은 주식계좌와 별개다. 주식 거래를 하지 않고도 높은 금리를 적용받을 수 있고, 매일 증권사가 국·공채권에 투자하면서 얻은 이자를 잔고에 따라 지급한다. 거래내역을 보면 다양한 기관 및 기업 채권에 투자할 수 있는 것을 볼 수 있다. 소소하지만 매일 복리로 입금되는 게 장점이다. 하지만 예금자 보호가 안 되기 때문에 메이저 증권사의 CMA 계좌를 활용하는 것이 효과적이다.

잠시 주차한다는 뜻을 가진 '파킹통장'은 은행에서 개설 가능한 고금리의 '입출금이 자유로운 통장'이다. 여전히 CMA 계좌가 어렵다면 1인당 1억 원까지 예금자 보호를 받을 수 있는 파킹통장부터 이용하자. 은행 입출금통장은 금리가 매우 낮은 편이지만 파킹통장은 높기 때문이다. 또한 파킹통장마다 우대금리 받는 방법도 다르다. 입금만 해도 우대금리를 받거나 특정 나이 또는 우대 가능한 금액이 제한된 통장도 있으니 잘 살펴봐야 한다.

당장 여러 개의 통장을 개설하여 금리 혜택을 받고 싶어도,

입출금통장은 20영업일(약 1달)이 지나야 새로운 통장을 개설할 수 있다. 그렇다고 아예 방법이 없는 것은 아니다. 은행마다 기존 통장을 계좌번호 그대로 유지한 채 파킹통장으로 변경할 수 있기 때문이다. 단, 우대조건이 있는 통장은 불가하다. 더 이상 귀찮다는 이유로 이자도 거의 없는 통장에 묵혀두지 말고 돈이 스스로 일할 수 있는 환경으로 바꾸자. 실제 연 0.1% 급여통장에 3개월마다 이자 1만 원을 받으며 방치한 돈을 연 3% 파킹통장으로 옮기기만 했는데도 같은 기간에 10만 원을 받은 사례도 있다. CMA 계좌와 파킹통장은 시장 상황에 따라 금리가 변하기 때문에 주기적으로 금리를 체크하거나 통장 약관 변경 메일이 올 때 반드시 확인하자. 가끔 말도 안 될 정도로 금리가 떨어지는 경우도 있기 때문이다. 금융상품은 한번 선택하여 평생 유지하는 것보다 최신 정보 업데이트를 통해 갈아 타보는 것도 중요하다.

06

저축도
전략이다

저축 초보자가 가장 많이 실수하는 부분은 '높은 금리 금융상품'에 집중하는 것이다. 처음에는 주로 거래하는 은행 상품으로 시작하는데, 이 방법이 나쁜 것만은 아니다. 하지만 월 납입액 또는 예치금이 많을수록, 금리뿐만 아니라 이자소득세에 민감해야 한다. 그 이유는 절세를 통해 같은 기간, 같은 금액 및 금리여도 신경 쓰는 만큼 실제 받을 수 있는 이자가 달라지기 때문이다. 절세라고 하면 부자만 해당할 것 같지만 저축에서도 충분히 가능하다. 경험상 적금은 월 30만 원 이상, 예금은 100만 원 이상일 경우 이자 차이를 바로 느낄 수 있다.

저축 상품 가입하기 전, '세전'과 '세후'라는 단어를 본 적이 있을 것이다. 소득이 발생하면 세금이 붙는 우리나라 소득세법에서 이자도 소득으로 구분하고 있다. 저축으로 발생한 이자에 대한 세금을 '이자소득'이라고 한다. '세전'은 말 그대로 세금을 떼기 전, '세후'는 세금을 떼고 난 후 받을 수 있는 이자다. 우리가 주의 깊게 볼 이자는 '세후'에 실제 내 통장에 들어오는 금액이다. 어떻게 하면 세후 이자를 더 많이 받을 수 있을까?

세후 이자를 알기 위해서는 먼저 이자소득세 종류를 알아야 한다. 이자소득세는 일반과세(15.4%)와 저율과세(1.4%), 비과세(0%)의 세 가지로 나뉜다. 일반과세는 이자소득세 14%와 지방소득세 1.4%를 합친 15.4%로, 제1금융권과 제2금융권 저축은행에서 판매하는 입출금통장과 예적금에 적용된다. 저율과세는 '세금우대'라고 부르기도 하며 농어촌특별세 1.4%만 부과한다. 다만 제2금융권 협동조합에서 가입한 저축 상품에만 해당하고 입출금통장은 일반과세로 적용한다. 비과세는 세금 부과가 아예 없으며, 정부 정책 상품에서만 볼 수 있다. 모든 사람이 누릴 수 없는 혜택이니 정부가 주도하는 상품은 조건에 맞다면 꼭 가입하자.

과세체계를 알기 위해서는 금융권 종류도 알아야 한다. 우리

과세 종류	이자에 부과되는 세금			세율 합계	취급하는 곳
	이자소득세	지방소득세	농어촌특별세		
일반과세	14%	1.4%	0%	15.4%	1금융, 저축은행
저율과세(세금우대)	0%	0%	1.4%	1.4%	협동조합
비과세	0%	0%	0%	0%	정부정책

저축 종류	제1금융권 또는 저축은행 예금	제2금융권 협동조합 예금
저축 금리	연 3%	
예치 금액	100만 원	
예치 기간	1년	
세전 이자	3만 원	
세후 이자	(일반과세) 25,380원	(저율과세) 29,580원

에게 익숙한 제1금융권은 시중은행, 지방은행, 인터넷은행이 대표적이다. 제2금융권은 저축은행과 협동조합으로 나뉜다. 이 중 협동조합은 은행 이름에 '협'이 있는 지역농협, 지역수협, 신협 그리고 새마을금고다. 저축 이자를 더 받기 위해서는 저율과세 혜택을 챙겨야 한다. 저율과세는 만 20세 이상, 해당 지점 준조합원에 가입하면 1인당 3,000만 원까지 혜택받을 수 있다. 2026년부터 소득 7,000만 원 또는 종합소득세 6,000만 원 기준으로 세금 혜택이 달라진다(초과할 경우 26년은 5%, 27년부터 9% 분리과세). 준조합원 가입은 지점 출자금통장에 제시한 출자금을 넣으면 된다. 지점마다 출자금은 1,000원에서 10만 원 사이로 금액이 다양하다. 이 돈은 없어지지 않고 추후 해당 지점 이용 탈퇴 의사를 밝히면 규정에 따라 납입한 돈을 돌려받을 수 있다. 참고로 출자금통장은 매년 해당 지점의 경영 성과 및 실적에 따라 배당금을 받을 수 있으며 2,000만 원까지 비과세로 처리된다. 하지만 예금자 보호가 안 되고 출금이 자유롭지 않기 때문에 출자금은 지점 최소 납입액만 넣자. 협동조합

에서 판매하는 예적금 상품은 자체 기금에서 1인당 1억 원까지 예금자 보호를 받을 수 있다. 현재 3천만 원치 목돈을 모으는 과정이라면 협동조합 저율과세를 적극적으로 활용하자.

동일한 금액일 때도 제1금융권 또는 저축은행 연 3% 예금과 협동조합 연 2.58% 예금을 비교하면 저율과세 연 2.58% 예금이 1원 이상 이자를 더 받는다. 저축 상품을 가입할 때는 금리보다 세후 이자부터 확인하자. 만약 저율과세 3,000만 원 한도를 다 채운 후 추가 저축을 하고 싶다면, 그때는 금리가 높은 저축 상품을 고르면 된다. 가끔 고금리 적금 상품 중에 우대금리를 받기 위해 카드 실적이 필요하거나 불필요한 지출을 해야 할 때도 있다. 그런 상품은 오히려 저축이 아닌 소비를 촉진시키므로 가입하지 말자.

저축 가입 순서

비과세 > 저율과세(3,000만 원) > 일반과세

주의할 점!

CMA 계좌와 파킹통장이 저축 예금에 비해 금리가 높을 때도 있다. 하지만 해당 계좌 이자는 일반과세(15.4%)를 반영한다. 만약 일정 기간 동안 묵혀둘 돈이라면 3,000만 원까지는 저율과세(1.4%) 저축 상품을 이용해서 절세하자. 이자 차이 외에도 입출금이 자유로울 경우 돈을 꺼내 쓸 위험도 있다. 비상금통장은 말 그대로 비상시 필요한 자금을 모으는 용도로만 사용하자.

예금자 보호의 함정

우리는 종잣돈을 모으고 불리기 위해서 다양한 금융상품을 만나는데, 특히 제1금융권과 제2금융권에서 가입할 수 있는 기본적인 저축 상품은 예금자 보호를 받을 수 있다. 심지어 퇴직연금 DC형과 IRP에서 예금으로 가입한 금액도 별도 1억 원 안에서 보호받는다.

재테크를 잘하는 방법은 원금을 잃지 않는 것이라서 예금자 보호에 더욱더 의지하는 이유라고 생각한다. 하지만 예금자 보호가 가능한 상품 대부분은 금리가 낮아 물가상승률을 반영하면 원금만 유지한다는 걸 알아야 한다. 대표적으로 입출금통장, 예금, 적금이 있다. 대부분 돈 모으기의 첫 시작을 저축으로 오랜 기간 이용했다면 새로운 상품에 도전하기 어려워한다. 거기다 예금자 보호를 받지 못하는 상품은 괜히 원금마저 잃을까 봐 가입조차 꺼리는 경우가 많다.

예금자 보호 정의를 찬찬히 뜯어보면 금융회사가 영업 정지나 파산 등으로 예금을 지급할 수 없을 때 보험 공사에서 1억 원까지 보장해 준다는 것이다. 즉, 상품 가입 기간에 금융회사가 망하지 않으면 예금자 보호를 받지 못한다는 문구가 있어도 위험도가 낮아진다. 대표적으로 증권사 CMA, RP, 증권사 신용도로 발행하는 발행어음 등이 있다. 보통 금융회사는 돈이 없을 때, 다르게 말하면 자기자본이 부족한 경우에 파산 문제가 생긴다. 자본이 많고 신용도가 높은 금융회사 상품을 고른다면 위험 노출을 최소화할 수 있다. 단지 용어가 낯설다는 이유로 관심을 멀리하기에는 괜찮은 상품이 꽤 많기 때문이다.

예금자 보호가 주는 안정감으로 내가 얻을 수 있는 수익을 제한하지 말자.

07

고향사랑기부제로
세금 줄이는 노하우

고향사랑기부제는 지방 소멸 위기 대응과 지역 균형 발전을 위해 원하는 지역에 기부하면, 소득 금액에 따라 일정 비율 세액공제와 지역 답례품을 받을 수 있는 제도다. 한 가지 조건이 있다면, 주민등록상 주소지(거주지) 상 시·군·구를 제외한 지역에 기부할 수 있다. 예를 들어 서울 강남구 주민이라면, 강남구를 제외한 서울시 다른 구에 기부하는 방식이다. 또한 고향이 아니더라도 평소 좋아하거나 관심 있는 지역 어디든 기부할 수 있다. 요즘은 연고지보다 원하는 답례품을 주는 지자체를 고르는 비중이 높아졌다. 지자체 역시 기부자 선택을 받기 위해 기부하면 추가 이벤트를 자체적으로 여는 곳도 많이 생겼다.

연간 기부할 수 있는 한도는 최대 2,000만 원이다. 10만 원을 기부하면 10만 원 전액을 세액공제 받는다. 2026년부터 10만 원

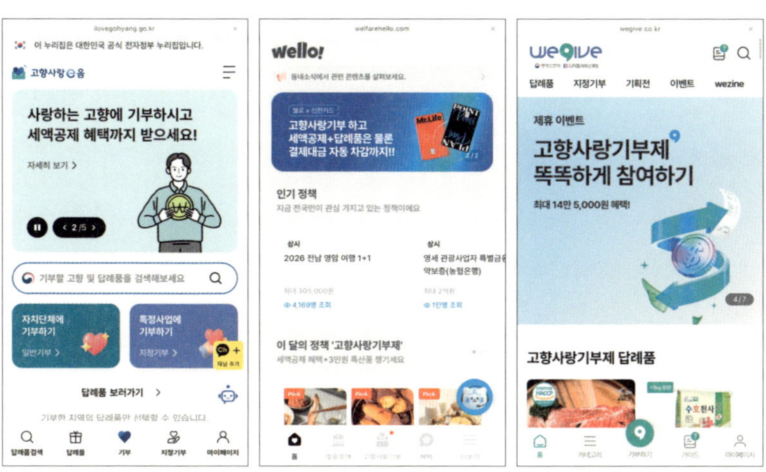

고향사랑기부제 관련 사이트

초과 20만 원 이하는 44%나 공제받을 수 있는 항목이 추가로 생겼다. 예를 들어 20만 원을 기부하면 10만 원(전액 공제) +10만 원의 44%로 총 144,000원을 공제받는 것이다. 20만 원을 초과한 금액은 16.5%의 세액공제를 적용한다. 본인의 결정세액에 따라 기부 공제 금액이 달라지므로, 세금 납부가 많지 않으면 혜택받을 수 있는 만큼 기부하는 것을 권장한다. 단, 다른 공제때문에 환급액이 없다면 세액공제는 적용받지 못한다. 근로소득자라면 연말정산 작년 기준으로 기납부세액을 유추해 볼 수 있다. 공제액은 당해연도만 적용하고 이월할 수 없다.

고향사랑기부제를 검색하면 정부가 운영하는 '고향사랑e음

(http://ilovegohyang.go.kr)’ 사이트가 있다. 최근에는 민간 업체인 ‘웰로(http://welfarehello.com)’ 또는 ‘위기브(http://wegive.co.kr)’ 등에서 동일하게 기부와 공제를 받을 수 있다. 업체는 자체적으로 출석체크 또는 후기 이벤트 등 추가 혜택도 얻을 수 있으니 기부자의 입장에서 선택지가 다양해졌다는 것은 좋은 현상이다. 연말정산 때 세금 부담으로 고민이었다면 고향사랑기부제를 활용해보자.

08

중소기업취업자 소득세 감면하기

중소기업에 취업한 청년이나 60세 이상자, 장애인, 경력 단절 여성이라면 회사에서 받는 근로소득에 대해 소득세를 감면받을 수 있다. 청년은 근로계약 체결일 기준으로 현재 15~34세 이하면 5년 동안 90%, 과세기간별로 최대 200만 원까지 감면받을 수 있다. 대신 남성의 경우, 연령을 계산할 때 군복무기간(최대 6년)은 차감한다.

구분	요건	감면 기간	감면율	감면 한도
청년	근로계약 체결일 현재 15~34세 이하인 자 *연령계산 시 군복무기간(최대 6년)은 차감하고 계산	5년	90%	과세 기간별 200만 원
고령자	근로계약 체결일 현재 60세 이상인 자			
장애인	1. 「장애인복지법」 적용 받는 장애인 2. 「국가유공자 등 예우 지원에 관한 법률」에 따른 상이자 3. 5·18민주화운동 부상자 4. 고엽제후유증환자로서 장애등급 판정자	3년	70%	
경력 단절 근로자	1. 임금 목적으로 같은 기업에서 1년 이상 계속 근로 제공 2. 결혼·임신·출산·육아·자녀교육·가족돌봄의 사유로 퇴직하고 3. 퇴직한 날부터 2~15년 미만 기간 지났을 것 4. 해당 중소기업의 최대주주나 그와 특수관계인이 아닐 것			

투자 기본 습관

09

투자가 카지노 도박
같은 것이라고?

저축으로만 1억 원을 모았을 때 '앞으로도 계속 저축만 하면 다음 목표 금액 달성은 더 오래 걸릴 수도 있겠다'라는 무서운 생각이 스쳤다. 처음 종잣돈을 모으던 2008년, 적금 금리가 연 5%였다. 이후 코로나가 터지고 다시 고금리로 올라오기 전까지 금리는 계속 내려갔다. 특판 예금 금리가 연 2%임에도 불구하고 금방 소진될 정도로 저축 금리가 볼품없었지만 그렇다고 딱히 대안이 떠오르지도 않았다. 낮아지는 금리로 인해 만기하고 재예치할 때마다 자산이 뒷걸음질 치는 느낌이었다. 저축만으로도 목돈은 계속 모을 수 있었지만, 자산을 모으는 속도가 느리다는 걸 인정해야 했다.

주식 투자는 나에게 또 다른 도전이었다. 그 당시 투자는 지금처럼 긍정적인 분위기보다 투기, 도박, 패가망신 등 부정적인 이미지였다. 개인 투자자는 돈을 벌 수 없다는 분위기가 당연하던 시기였다. 오죽했으면 나 역시 주식에 투자하고 있다는 사실을 꾸준히 수익이 나온 다음에야 가족에게 고해성사 했을 정도다. 2017년 여름, 첫 주식 투자를 시작했다. 그 당시 내 주변에는 주식 투자로 성공한 사례가 없었다. 누군가 내게 주식 투자의 첫 이미지를 물어본다면 "카지노 도박과 비슷한 것"이라고 했을 정도로 부정적이었다. 직접 투자를 경험하지 않았으니, 편견과 부정적인 생각만 있는 것이 당연했다.

'저금리의 안전한 저축이냐? 혹은 새로운 투자 도전이냐?'의 갈림길에 섰고 조금이라도 젊었을 때 투자 경험을 해야겠다는 쪽으로 마음이 기울었다. 몇 년간 이어지는 저금리가 날 움직이게 한 것도 컸다. 저축과 증권사 상품에서 CMA 계좌만 알았던 초안전주의자가 투자에 마음의 문을 활짝 열게 한 사건 하나가 있었다. 당시 알고 지내던 지인이 직장을 다니면서 투자로 번 수익금으로 생활비를 쓴다는 말을 들었다. 회사 업무에 지장 없이도 하루 종일 주식 그래프를 보지 않고 수면시간을 줄이지 않아도 투자할 수 있다는 말이 꽤 흥미로웠다. 월급에서 소비하지 않으니 나가는 돈 없이 자산은 계속 쌓인다. 심지어 우려했던 투자 중독, 피폐한 느낌도 찾기 힘들었다. 단, 지나친 욕심과 희망 회로는 금지였다. 이건 계속 투자하면서 의식적으로 신경 써야 했다.

한 달 목표 수익금이 얼마냐고 묻길래, "한 달에 교통비 10만 원부터 벌고 싶습니다"라고 답했다.

"한 달에 투자할 수 있는 금액은 어느 정도인가요?"

"새로 적금할 돈 대신 투자하는 거라 30만 원입니다. 그럼 뭐부터 살까요? 삼성전자?"

첫 투자를 시작하던 당시 삼성전자의 주가는 1주당 250만 원내외로 거래되고 있었다. 참고로 삼성전자 액면분할은 2018년부터로, 1주당 51,900원이었다. 정말 그 정도로 주식에 대해 아무것도 몰랐다.

"초보자가 많이 하는 실수 중에 하나가 무턱대고 개별종목 투자부터 하는 거예요. 근데 투자 성향이 안정형이면 오히려 변동성 때문에 스트레스 받을 수 있어요. 재미있고 오래 투자하고 싶다 했으니, 처음에는 ETF 투자부터 해볼게요."

"E…TF요? 그건 어디에 투자하는 기업이죠?"

"ETF는 펀드 투자랑 비슷한데 주식처럼 실시간으로 매매할 수 있어요. 1주당 가격도 부담 없고요. 개별 기업이 아닌 코스피, S&P500, 나스닥처럼 시장 지수에 투자하거나 반도체, 은행처럼 업종에 투자하는 상품입니다."

"코스피는 알겠는데 S&P500, 나스닥은 처음 들어봤어요. 지수에 투자한다라…알아야 할 것들이 많네요."

"오히려 여러 종목을 묶어 놓거나 세계 경제 흐름을 볼 수 있어서 공부하기 좋아요. 개별종목보다 상승과 하락 폭이 아주 크지 않아 초보자가 시작하기 좋은 투자이기도 하죠."

그 밖에도 초보자는 투자 공부를 어떻게 할지 몰라 SNS상의 불특정 다수가 추천하는 기업 또는 상품에 투자하는 빈도가 높다. 최근 상승률이 높거나 거래량이 많다는 이유로, 어떠한 정보도 없이 무지성 매수하는 일이 빈번하다. 이 경우 나도 모르는 사이에 정리매매, 상장폐지 등으로 피해를 보기도 한다. 남이 추천하거나 어떠한 공부 없이 시작했기에 스스로 배우거나 해결책 없이 계좌 잔고만 녹아버린다. ETF 투자는 상대적으로 변동성이 크지 않아 투자 세계에 적응할 때까지 천천히 시장 분위기를 느끼기 좋다.

비대면으로 증권사 계좌를 만들고 나서 가장 먼저 투자한 종목은 개별 기업이 아닌 ETF였다. 첫 투자 종목은 코스피, 나스닥, 달러, 엔화, WTI(유가) 지수를 추종하는 ETF였다. 이렇게 첫 투자를 5개 지수에 6만 원씩 나눠 주가가 떨어질 때마다 분할 매수하면서 주식 수량을 늘렸다. 추가 투자금을 넣기도 전에 초심자의 행운으로 교통비 일부를 벌 수 있었다. 소액이었지만 수익이 났을 때 매도하는 방법도 배웠다. 생애 첫 투자로 스트레스 없이 돈을 벌어보니 신기하면서 기분이 묘했다.

초보자가 많이 하는 실수 하나는 바로 매수와 매도 버튼을 헷갈린 나머지, 반대로 주문을 넣는 것이다. 현재 몇 개의 증권사는 매수 단어를 '사자'로 바꾸거나 버튼 색상을 빨간색으로 변경했고, 매도는 '팔자' 또는 파란색으로 변경하는 등 투자자가 쉽고 직관적으로 알아볼 수 있도록 바꾸었다. 그동안 주식 매매 시스템은 초보 투자자에게 친절하지 않았다. 투자자가 늘면서 증권사도 변하고 있다는 것은 좋은 현상이다. 매매 실수는 적은 돈으로 경험하고 빈도를 줄이면서 없애야 하는 나쁜 습관이다. 초창기에는 몇 번이나 실수하면서 손해로 이어졌다. 보통 마음이 급할 때 발생했다. 지금은 급하게 투자하지 않으니, 실수가 사라졌다.

처음 몇 달은 월 30만 원으로도 충분했지만, 거래가 많아지면서 투자 금액이 부족했다. 투자금은 조금씩 무리하지 않는 금액 안에서 늘려, 30대의 최종 목표는 저축과 투자 비율을 7:3에서 5:5로 늘리기로 정했다. 처음 투자할 때는 내가 감당할 수 있는 투자금 범위에서 꾸준히 투자하는 것이 중요하다. 급전이 필요해 어쩔 수 없이 매도해야 하는 것만큼 씁쓸한 것은 없기 때문이다. 투자 수익률이 올라갈수록 투자금 규모가 아쉬워지니 이제는 실생활 소비를 줄이거나 추가 수입을 만들기 위해 노력하고 있다.

20대 끝자락, 첫 투자를 ETF로 시작했고 5년 넘게 개별종목에서 길을 잃으며 헤매다 지금은 다시 ETF 비중을 늘리면서 스트레스 받지 않는 투자를 지향하고 있다. 이번 파트에서는 ETF를 본격적으로 알아보기에 앞서, 투자의 전반적인 면목을 살펴보도록 하자.

10

증권사를 선택하는
5가지 기준

투자를 시작하기 전 가장 먼저 해야 하는 일은 바로 '주식 계좌를 만드는 것'이다. 그 이후 매매창에서 주식은 개별종목 또는 ETF를, 펀드는 투자상품을 매수해야 한다. 생각보다 국내 증권사(약 45개)가 많고 펀드 역시 상품마다 관리해주는 운용사(약 59개)도 많다.

증권사 종류	자산운용사 종류
미래에셋증권, 한국투자증권, NH투자증권, KB증권, 삼성증권 등	미래에셋자산운용, KB자산운용, 삼성자산운용, 한국투자신탁운용, 신한자산운용 등

하지만 증권사는 일상생활에서 은행보다 영업점이 자주 보이지 않아 생소하게 느낄 수 있다. 나 역시 은행과 증권사를 방문하면 온도 차를 실감한다. 은행은 손님이나 직원이 많아 활기찬 분위기

라면, 증권사는 상대적으로 넓은 공간 속 고객과 직원이 적어서 회사 사무실을 방문하는 듯한 고요한 느낌이니 말이다. 그렇다면 어떤 기준으로 자주 쓰는 증권사를 고르면 좋을까?

수수료가 저렴한 증권사

주식 매매 빈도가 잦을수록 거래수수료도 무시할 수 없는 비용 중 하나다. 요즘은 신규 가입자에게 낮은 수수료율로 이벤트 혜택을 제공하는 곳도 있으니 가입할 때 참고하면 좋다.

MTS 수수료 기준

증권사	수수료율
NH투자증권	0.01%
한국투자증권, 미래에셋증권, 삼성증권	0.01%
키움증권	0.02%
KB증권	0.19%

나는 처음 주식투자 할 때만 해도 평생 이벤트가 없어서, 한시적으로 저렴한 5년짜리 수수료 면제와 백화점 상품권 3만 원을 받았다. 이후 수수료 면제 기간이 끝날 무렵에는 평생 저렴한 수수료로 거래할 수 있는 증권사로 미리 옮겼다.

HTS 또는 MTS 기능 및 사용이 편한 증권사

주식을 매매하기 위해서 항상 마주해야 하는 시스템이니, 본인에게 맞는 증권사를 고르는 것은 매우 중요하다. 물론 직접 사용해 보려면 각 증권사의 계좌를 만들어야 해서, 쉽게 테스트하기는 어렵다. 하지만 MTS는 애플리케이션으로 매매 창을 살펴보는 기능이 있어서 시각적인 화면을 미리 경험해 보는 것이 좋다.

매매 오류가 적은 증권사

최근 들어 주식 열풍이 불면서, 동시간대 접속자가 폭주해 서버가 다운되는 현상이 빈번하게 일어나고 있다. 특히 공모주 청약 후 상장일에 이런 문제들이 지속적으로 발생하고 있다. 오류로 실시간 매매가 어려워져 원하는 가격에 매도하지 못해 손해를 본 적도 있다. 논란이 커지자, 고객센터에 문의하여 번거로운 절차를 거친 후 일부 차액을 보상받기도 했다. 주로 사용할 증권사가 매번 이렇게 오류가 생긴다면 사용자로서는 당연히 곤란하다. 그러니 증권사 가입 전, 포털사이트에서 '증권사 민원'으로 검색하여 주기적으로 실제 후기들이 업데이트되고 있는지 참고해서 가입하면 시행착오를 줄일 수 있다.

공모주 청약 주관을 자주 하는 증권사

처음 주식을 시작할 때는 공모주 투자를 몰라서 증권사를 선택하는 기준에 없었다. 하지만 보다 좋은 우대 조건을 받거나 청약 수수료를 덜 내기 위해서는 증권사마다 예치해야 할 자금 또는 거래 실적 등이 필요하다는 걸 뒤늦게 알게 되었다. 공모주 청약 주관을 많이 맡는 증권사는 우선순위로 두고 개설해 보자.

가입 이벤트가 많은 증권사

지금까지 언급한 방법을 토대로 진짜 아니다 싶은 증권사들을 걸러냈다면 최종으로 결정할 때는 지금 당장 나에게 혜택을 주는 곳을 고르면 좋다. 최근에는 주식 투자 수요가 늘면서 증권사끼리 신규 가입자 유치에 치열하게 경쟁하고 있다. 예를 들면 국내 주식을 거래할 때 한시적으로 수수료를 인하하거나, 계좌 개설만 해도 국내 또는 해외 주식 1주를 무작위로 지급한다. 어떤 증권사는 원하는 주식을 직접 살 수 있도록 투자 지원금 명목으로 일정 금액을 지급해 주기도 한다. 그러나 무조건 이벤트가 다양한 것에 집중하기보다, 실제 본인이 얻을 수 있는 혜택이 많은 증권사를 고르는 것이 더 현명한 방법이다.

나의 경우, 여러 증권사 계좌를 이용해 투자 목적 및 기간에 맞게 쪼개기를 했다. 그 이유는 성향상 1개 계좌에 모두 담겨 있으면 자금을 명확하게 구분해 관리하기 어렵기 때문이다. 나의 경험이 담긴 주식계좌 포트폴리오는 316p에 담았으니 먼저 확인해 봐도 좋다. 증권사 계좌 역시 입출금이 자유로운 통장이라 신규 개설 후 20영업일(약 1달)이 지나야 추가 개설할 수 있다. 물론 공모주 청약 기간 때는 직접 영업점에 가서 만들 수 있지만 이렇게 만든 계좌는 거래 수수료가 꽤 비싸다. 가능하다면 미리 비대면 계좌로 개설하는 것을 추천한다.

11

증권사의 기본, CMA 계좌

CMA 계좌는 우리나라에서 4천만 명 이상 가입하고 이용하면서 필수 계좌로 자리 잡았다. 2000년대만 해도 금리가 꽤 매력적이었지만, 증권사에서 판매한다는 이유로 위험한 이미지가 강한 탓에 수요는 그리 많지 않았다. 또 지금처럼 주식 투자가 보편적이지 않았던 때라 더욱 낯선 금융상품이었다.

그럼에도 또래보다 일찍 CMA 계좌를 활용할 수 있었던 이유는 부모님의 역할 덕분이었다. 금융상품이 낯설었던 스무 살 무렵에 은행에만 한정 짓지 말고, 하루라도 빨리 더 좋은 상품을 경험해야 한다며 일찍부터 증권사를 접하게 해주셨으니 말이다. 흔히 증권사는 돈이 많이 있어야 활용도가 높다고 생각하지만, 조금만 관심을 가져보면 은행 상품과 비슷하거나 오히려 더 좋은 것도 많다. 그중 비상금통장으로 사용하기 알맞은 'CMA 계좌'부터 알아보자.

증권사에 따라, 주식 계좌이더라도 CMA 계좌 기능을 함께 포함하는 것도 있다.

CMA 계좌는 은행에서 판매하는 일반 입출금통장과 비슷한 증권사 상품이다. 차이점은 시중은행보다 금리가 조금 높다. 복리 효과로 이자도 조금 더 많이 받을 수 있다. 그러나 은행과 달리 예금자 보호를 받지 못해, 증권사가 망하면 원금보장이 어렵다. 이런 불안을 해결할 방법은 자기자본이 많은 증권사의 CMA 통장을 고르는 것이다. 현재 미래에셋증권과 한국투자증권은 자기자본이 10조 원 이상, NH투자증권, 삼성증권, KB증권, 메리츠증권, 하나증권은 6조 원 이상으로 대형 증권사에 속한다. 그동안 증권사 거래가 없었다면 지금 언급한 곳부터 가입하는 것이 좋다.

CMA 계좌는 어떻게 활용하면 좋을까?

어떤 이는 CMA 계좌를 월급통장으로 쓰면서 카드 대금, 보험료, 공과금 등 고정 지출을 자동이체로 연결하기도 한다. 아무리 매일 이자 받을 수 있다고 해도, 이 방법은 권하지 않는다. 왜냐하면 자동이체 결제계좌로 이용하기에는 대출 금리나 환전 우대 수수료 등 제1금융권에서 누릴 수 있는 주거래은행 혜택을 놓치는 기회비용이 더 크기 때문이다. CMA 계좌는 입출금이 잦은 월급통장 용도보다 만일의 사태를 대비한 자금을 모으는 비상 용도로만 활

 계좌 개설은 증권사 방문 없이 애플리케이션으로 쉽게 가능하며 이체 수수료도 무료거나 면제 조건이 까다롭지 않다.

그런데도 여전히 예금자 보호가 안 된다는 단점 때문에 사용을 주저한다. 하지만 주식에 투자하고 있다면 진입장벽은 그리 높지 않다. 은행에서 예적금 상품에 가입할 때 입출금통장을 별도로 만드는 것과 비슷하다고 생각하자. 계좌에 돈만 넣으면 증권사가 매일 안전한 국·공채에 투자하면서 수익을 낸 이자를 받을 수 있다.

CMA 계좌를 어떻게 운용할 것인지 계좌 유형을 직접 고르는 증권사도 있다. 예를 들어 A 증권사 CMA 상품은 발행어음, RP, MMF, MMW 4가지 종류에서 선택할 수 있다. 만약 설명을 봐도 이해하기 어렵다면 수익률이 높은 것 위주로 선택하자. 유형을 변경할 수 있는 증권사를 이용한다면 한 번 고르고 끝내지 말고, 주기적으로 살펴보면 좋다. CMA 계좌 유형 중에서 RP와 발행어음은 증권사 단독 상품으로도 활용할 수 있으니 미리 눈에 익혀두자.

CMA 유형	특징	정산 방법
발행어음	증권사에서 발행한 자기어음 운용과 약정 수익률을 미리 알 수 있음	매일 정산
RP	안정성이 높은 국·공채에 투자하여 약정 수익률 지급	출금 또는 재투자 시점
MMF	국·공채, 은행채, 기업어음 등 수익률이 높은 단기 금융상품에 투자	매일 정산
MMW	증권사에서 운용하는 예금으로, 일일정산을 통한 수익률 변동	매 영업일 정산

증권사 CMA 계좌를 사용하기 전, 비상금으로 넣어놨던 돈이 주식에다 자동으로 투자될 것 같은 두려움이 앞섰었다. 하지만 걱정과 달리, CMA 계좌에서 주식을 거래하려면 별도의 신청 과정이 필요하다. 또한 내 손으로 직접 주식을 매매하지 않는 이상 자동 투자는 불가하니 안심하고 비상금 모으는 계좌로 활용하자.

- 소소하더라도 매일 이자 받고 싶을 때
- 잦은 입출금으로 만기가 있는 상품 가입이 부담될 때
- 예금자 보호는 못 받더라도 상대적으로 높은 금리 입출금통장 활용하고 싶을 때
- RP나 발행어음 상품이 궁금하지만, 용어가 낯설어 가입을 망설일 때

12

증권사 금리상품의 정석, RP

앞서 설명한 CMA 계좌 파트에서 'RP'와 '발행어음'이라는 단어를 만났다. 그중 RP에 대해 알아보고 활용 방법을 소개하고자 한다. RP는 '환매조건부채권'을 뜻한다. 간혹 용어가 어려워 증권 상품 활용 자체를 포기하기도 한다. 그러나 우려와 달리 위험도가 낮으면서 수익을 가져다주는 상품이 꽤 많으므로 놓치지 말자.

다시 RP로 돌아가면 증권사가 보유하고 있는 채권을 RP 상품 가입자에게 판매한다. 정해진 기간이 지나면 약속했던 가격으로 증권사는 가입자에게 다시 매수한다. 이때 가입자는 증권사에서 제시한 확정 금리로 수익을 얻는다. 더 쉽게 말하면, 증권사가 가입자 돈을 일정 기간 굴리다가 이자를 붙여 되돌려주는 채권 상품이다. 증권사는 국·공채나 특수채, 신용 우량채권 등 저위험 채권에 투자한다. 또한 은행 정기예금, 적금처럼 가입했을 때 금리가 만기까지 이어진다. RP 상품 최대 가입 기간은 1년이다. 다양한 기간을 선택할 수 있어 목적에 따라 기간을 정하거나 향후 금리 변화에 따라 선택할 수 있다. 예를 들면 앞으로 금리가 떨어질 가능성이 높으면 미리 1년 RP에 가입한다. 그 사이 금리가 내려가더라도 만기 때까지는 가입했던 금리로 적용받는다. 반면 금리 인상기는 주기적으로 현재 판매하고 있는 금리를 확인하면서 갈아타면 더 많은 수익을 낼 수 있다. 약정형 외 수시형도 가입할 수 있으니 자금 활용 목적에 따라 선택하자. 가입 조건도 천 원 또는 만 원 이상으로 진입 장벽이 낮으니까 말이다.

RP는 CMA 계좌처럼 예금자 보호를 받을 수 없다. 하지만 우량채권으로 운용하고 약정 기간 동안 증권사가 망하지 않는 이상 위험도는 낮기 때문에 은행보다 많은 이자를 원한다면 관심 가져볼 만하다.

원화뿐만 아니라 외화도 RP에 투자할 수 있다. 해외 주식에 투자하거나 환차익을 얻기 위해 환전한 외화를 계좌에 그냥 방치하기 보다, RP에 넣고 필요할 때마다 꺼내 써보자. 외화 RP에서 발생하는 이자는 해당 외화로 받을 수 있고, 환차익에 대해서만 비과세로 친다. 증권사에 따라 외화 RP는 자동 매수 서비스를 이용할 수 있다. 외화 예수금이 계좌에 있을 경우, 만기가 따로 없는 수시형 달러 RP에 투자하면 수익을 볼 수 있다. 투자에 필요한 최소 금액이 정해져 있으며, 처음에는 별도 신청을 해야 하지만 매번 직접 매매하기 귀찮다면 자동 매수 서비스를 이용해 보자. 매도 역시 자동으로 할 수 있다. 연 수익률도 꽤 높은 편이다. 외화 RP에 대한 자세한 내용은 8부 환테크 파트를 확인하자.

증권사 용어	은행 용어	설명
약정 기간	가입 기간	상품 가입하고 유지해야 하는 기간
약정이율 또는 수익률	금리	돈을 맡겼을 때 받을 수 있는 이율
수익	이자	상품 매매를 통해 얻을 수 있는 이득
중도환매	중도해지	약정 기간을 채우지 못하고 중간에 돈 뺄 때 적용하는 이율
수시형	입출금	하루만 돈 맡겨도 증권사가 제시한 약정 수익률 받음 (31일 단위 자동 재투자)
약정형	정기예금	만기일을 선택하고 유지하면 만기 때 약정 수익률 받음
적립형	적금	매달 정해진 날짜에 약속한 금액을 넣어 만기 때 약정 수익률 받음

증권사	원화 매수 시간	외화 매매 시간
한국투자증권	AM9:00 – PM5:00	AM9:30 - PM3:30
미래에셋증권	AM8:00 – PM5:00	AM9:00 – PM3:00
NH투자증권	AM8:00 – PM4:30	AM8:00 – PM3:30
삼성증권	AM8:00 – PM4:30	AM8:00 – PM3:00
KB증권	AM8:00 – PM5:00	AM8:00 – PM3:30

RP 상품은 매매할 수 있는 시간이 증권사와 매수 유형마다 조금씩 다르다. 매매시간에 투자할 금액을 입력하고 매매하면 끝이기 때문에 가입이 굉장히 간단하다. 수시형 RP는 필요할 때마다 매매할 수 있고 약정형과 적립형은 만기 기간까지 유지하면 약정 수익금을 받는다. 만약 중도 해지할 경우, 예적금 중도해지처럼 일부 이자를 받을 수 있다. 외화 RP 수익에서 발생한 세금은 원화로 빠져나가며, RP 수익에 발생한 이자의 15.4% 세금을 부과한다. 다른 금융소득을 합한 금액이 연간 2,000만 원을 초과하면 종합과세 대상이다.

- 주식 계좌보다 높은 금리 상품에 예치하고 싶을 때
- 현재 사용하는 파킹통장 또는 CMA 계좌 금리가 RP 금리보다 낮을 때
- 발행어음으로 가입할 금액이 부족하거나 취급하지 않는 증권사에서 거래할 때
- 외화를 조금 더 높은 이율로 운용하고 싶을 때

13

발행어음,
단기 자금의 최적지

한국은행 기준금리 움직임에 따라 입출금통장, 예적금, 대출 금리뿐 아니라 RP, 그리고 이번에 소개할 발행어음의 수익률에도 변화가 생긴다. 금융상품에서 약정 기간이 길면 채권, 짧으면 어음으로 불린다.

발행어음을 처음 알았을 때 개인보다 기업에서 거래하는 금융상품처럼 묵직한 느낌이 들었다. 그런 오해와 달리, 한두 번만 거래해 보면 은행 예적금이나 RP와 비슷한데도 더 높은 금리로 수익을 얻을 수 있다. 투자자가 돈을 맡기면 증권사는 다양한 자산에 투자한다. 약정 기간이 끝나면 투자자는 원금과 약정 수익을 받는다. 즉, 가입할 때부터 이미 약정 수익률이 정해져 있으니 시장 금리가 움직여도 처음 제시한 수익으로 받을 수 있다는 의미이다. 증권사에 따라 만기 때 별다른 해지 요청 없이 자동으로 입출금 계좌에 입금되며, 심지어 중도환매이율마저 높다. 어쩌다 자금이 필요할 때 영업시간 안에 매도 버튼을 누르면 계좌에 바로 입금된다. 그러니 급하게 돈이 필요할 때도 편하게 찾을 수 있다. 또한 우대금리가 따로 없어, 은행과 달리 복잡한 우대 조건을 충족할 필요도 없다.

발행어음 상품은 증권사 신용을 담보로 판매하며, CMA와 RP 상품처럼 예금자 보호는 받지 못한다. 그럼에도 정부의 까다로운 심사를 통과했고, 자기자본이 많은 초대형 증권사에서만 가입할 수 있다는 점에서 안전성을 인정받았다. 현재 미래에셋증권, 한국투자증권, NH투자증권, KB증권, 키움증권, 하나증권, 신한투자증권에서만 가입할 수 있다. 앞으로 발행어음을 취급하는 증권사는 계속 늘어날 것으로 기대한다. 발행어음 가입 기간은 최대 1년이다. 가입 시점 기준으로 당분간 저금리가 이어질 분위기가 강하다면 조금이라도 높은 금리에 넣는 것이 좋다. 만기가 최대 1년까지라서 높은 수익률로 상품이 나와도 기간을 늘리지 못해 아쉬울 때가 종종 있다. 그렇다면 알아둬야 할 단점은 없을까?

첫째, 증권사 리스크다. 증권사가 망할 때 그 기간에 투자한 금액은 보호받을 수 없다. 하지만 현재 자기자본 4조 원이 넘는 증권사 중 심사에 통과한 곳에서만 판매할 수 있어, 망할 일은 극히 드물다. 둘째, 발행어음에 가입할 수 있는 증권사는 한정적이다. 다른 증권사도 발행어음 판매를 위한 심사를 받고 있으니 추후 증권사 종류는 늘어날 수 있다. 셋째, 은행 저축 상품과 달리 단기 투자만 할 수 있다. 상대적으로 높은 수익률이라 더 길게 투자하고 싶어도 최대 1년까지다. 재매수할 때 예전보다 약정이율이 낮아졌다면 아쉬울 수밖에 없다. 나의 경우 그동안 주식 투자할 자금을 CMA 계좌에 넣고 썼지만, 지금은 발행어음에 단기간으로 넣으면서 소소하게 수익을 얻고 있다. 당일 현금화할 수 있으며, 주로 거래하는 증권사가 아닐지라도 오픈뱅킹을 이용하면 1일 1,000만 원까지는 수수료를 면제받을 수 있어 큰 불편함은 없다.

단, 수시 및 약정식 발행어음은 증권사에 따라 최소 가입 금액 100만 원 이상이라는 조건이 있다. 만약 넣을 수 있는 금액이 부족하다면 RP 상품으로 먼저 경험해 보고 발행어음에 도전하자. 적립식 발행어음은 월 10만 원부터 납부할 수 있으므로 은행 적금과 비교해서 금리가 높은 곳에 넣어도 좋다. 가끔 증권사에서 발행어음 고금리 특판 이벤트도 선착순으로 판매한다. 종종 이벤트 메뉴를 챙겨보는 것도 한 가지 팁이다.

발행어음에 가입하는 방법은 거래할 수 있는 증권사 애플리케이션에서 '금융상품' 메뉴 또는 '발행어음'으로 검색하면 메뉴가 있다. 예치 기간에 따라 수익률이 다르게 나오니 무조건 금리 높은 것보다 발행어음에 넣을 자금 활용 시기를 고려해 정하자. 중도 환매를 하더라도 소정의 수익을 낼 수 있지만, 괜히 아쉬운 마음이 드는 건 어쩔 수 없다. 증권사에 따라 조금씩 표기는 다를 수 있으나 매수한 다음 날부터 약정이율, 남은 기간, 수익금과 일반과세 15.4%를 반영한 세후 수령 금액까지 확인할 수 있다.

- 발행어음 가입할 수 있는 증권사에 계좌가 있을 때
- 매일 주식 매매 마무리하고 잠깐이라도 돈을 묵혀 CMA 계좌보다 이자를 더 받고 싶을 때
- 주말, 공휴일, 연휴에 CMA 계좌가 아닌 다른 상품으로 조금 더 이자를 받고 싶을 때
- 출금 기간이 정해진 목돈을 보관하고 싶을 때
- 중도해지를 하더라도 은행 예적금 중도해지보다 높은 수익률을 얻고 싶을 때

14

공모주 투자의 매력은 무엇일까

"요즘 공모주가 핫하던데 어떻게 하나요?"

"소액으로 공모주 시작할 수 있나요?"

"투자하기 전부터 많은 설명서를 읽어야 하던데, 필요한 내용은 어떻게 찾나요?"

주식 투자를 하다 보면 '투자하고 있는 회사가 처음 주식시장에 상장했을 때 가격은 얼마였을까?'하고 궁금해지기도 한다. 평소 자주 소비하는 물건 또는 서비스라 해당 기업에 투자하고 싶어 찾아봤지만, 아직 상장하지 않은 경우도 왕왕 있다. 그러다 비상장기업들이 유가증권(코스피)이나 코스닥 시장에 상장하기 위해 기업의 주식 및 경영 내용을 공개하는 IPO, 그러니까 우리에게는 '공모주'라는 단어로 더 익숙한 첫 투자를 시작한다는 걸 알았다.

공모주 투자 역시 내게 처음 주식 투자를 알려준 지인이 어느 날 공모주 투자에 대한 큰 틀을 설명하면서 같이 해보자고 권유했다. 하지만 부동산 청약이 아닌, 주식 투자에서의 청약은 정말 아무것도 모를 때였다. 이름만 들었을 땐 아무래도 큰 자금이 필요할 것만 같았고, 며칠 동안 자금이 묶여있어야 한다는 번거로움이 마음에 걸렸다. 이 역시 투자의 일종이라 혹여나 원금을 잃어버렸을 땐 그 추가적인 스트레스까지 감당해야 했기에, 깊게 알아보지 않고 무조건 거부했다. 돌이켜보면 투자 설명서를 읽고 해석하는 공부에 대한 부담감이 가장 컸다.

하지만 특이한 계기로 공모주에 입문했다. 한동안 주식시장이 열리자마자 이유를 불문하고 거래량이 많고 상승률이 높은 종목만 매수매도하며 수익을 냈던 적이 있다. 좋은 결과도 있었지만 소위 '고점에서 물렸다'라는 문장으로 설명할 수 있는 주식들이 하나둘씩 보유 종목으로 늘어나기 시작했다. 뒤늦게서야 투자한 기업의 주가 그래프를 찾아보니 오늘 하루만 그래프가 나와 있는 '오늘 상장한' 기업이라는 것을 알아차렸다. 이미 공모주 청약으로 투자한 사람은 수익을 봤거나, 행여 좋지 않은 기업이었다면 적은 손해를 보고 털었을 그 가격에 단순히 거래량이 많고 상승률이 높다는 이유만으로 무지성 투자를 지속한 것이다. 그러자 '오늘 상장한 기업을 통해 수익 내고 싶다'라는 강한 의지가 생겼고, 다시 지인에게 공모주 투자를 해보겠다고 선언했다.

때마침 오랫동안 지속해 온 앱테크로 이미 익숙했던 '마크로밀엠브레인'(현재는 엠브레인으로 사명을 변경했다.) 기업이 청약하는 기간이었다. 2020년 하반기, 첫 공모주를 시작으로 현재까지 약 200개가 넘는 기업에 청약하며 적게는 2%부터 많을 때는 따따상을 경험하며 1천만 원이 넘는 수익을 냈다. 유일하게 손절로 손해 봤던 기업은 'LG CNS'였다. 스스로 정한 매도 원칙을 따랐을 뿐이었지만, 당일 매도로 6만 원이나 넘게 손해 봤었다. 몇 달 뒤, 공모가 이상으로 올라왔다. 하지만 그동안의 마음고생과 묶여있던 투자금의 기회비용을 생각하면 지금도 그때의 빠른 손절을 후회하지 않는다.

공모주는 소액으로도 참여할 수 있다. 투자 자금에 따라 수익은 달라지지만 처음 시작한다면 균등청약부터 해보자. 주관사와 기업에 따라 최소 청약 주수는 10~100주까지 제각각이다. 공모주 투자 역시 많은 경험을 쌓는 만큼, 실력과 수익도 날로 늘어날 수밖에 없다. 또한 기업을 고르고 매도하며 수익을 내는 과정에서 개별종목에 투자할 때 거쳐야 할 투자 공부법도 알 수 있다. 실제로 주변 지인도 주식 투자는 하지 않고 공모주만으로 쏠쏠하게 수익을 내고 있으니 말이다.

'공개적으로 모집하는 주식'이라는 뜻이다. 기업이 증권시장에 상장하기 전, 청약을 통해 투자자를 공개 모집해서 회사 발행 주식을 나눠준다. 이후 해당 기업이 상장하면 투자자는 주식시장에서 받은 공모주를 자유롭게 매매할 수 있다. 대부분 기업은 IPO(여기서 IPO와 공모주 청약 단어는 동일하게 쓰겠다) 라는 기업공개로 공모주 청약을 진행한다. 이때 조달받은 자금은 회사를 키우고 운영에 쓴다. 공모가액은 비슷한 업종에 있는 기업보다 가격을 낮춘다. 그러므로 성장성이 큰 기업이면 투자자 관점에서 이익을 기대해 볼 수 있다.

공모주도 투자의 일부분이므로 무조건 수익이 난다는 보장은 없다. 정말 좋지 않은 기업은 상장하는 날 공모가 밑에서 시초가가 정해져 결국 공모가까지 올라오지 못한 채 손해나기도 한다. 이런 위험을 방지하려면 청약하기 전, 반드시 투자 설명서를 꼼꼼하게 읽어야 한다.

15

공모주 청약,
균등과 비례 이해하기

공모주 청약은 균등과 비례 두 가지 방식으로 배정받는다. 일반 투자자에 주어진 물량 중 50%는 비례 배정, 나머지 50%는 균등 배정한다. 1인당 1계좌만 청약할 수 있다. 즉, 여러 주관사에서 진행하면 한 곳만 신청해야 한다.

비례 배정은 총배정수량에서 총청약신청 주식 수를 나누면 경쟁률을 계산할 수 있다. 만약 비례 경쟁률이 2,000:1 이라면 2,000주를 신청해야 1주를 비례 배정으로 받을 수 있다. 균등 배정과 달리 자금력이 있는 투자자가 참여하기 때문에, 1주라도 더 받으려면 경쟁률을 확인하면서 눈치 싸움은 필수다.

균등 배정은 균등 배정 물량에서 총청약건수로 나누면 1인당 받을 수 있는 수량을 알 수 있다. 균등 물량 100주, 청약 참여 건수 100개라면 1계좌당 1주씩 받을 수 있다. 만약 청약 건수가 200개라면 1주 받을 확률은 50%로 낮아진다. 균등 배정 방식은 최소 청약 수량(10~100주)만 청약해도 처음 1주는 받을 수 있었다. 하지만 이마저 경쟁률이 올라가면서 지금은 균등 청약을 추첨으로 받는 사례가 늘어나고 있다.

예를 들어 공모가 16,000원이었던 B 기업 청약 결과, 경쟁률 939.39:1에 달하는 총 3만 3170건의 청약이 들어왔다. 한 사람당 균등 배정은 몇 주를 받을 수 있을까? 일반투자자 배정 물량은 26만 주였다. 균등 배정은 50%인 13만 주, 여기서 청약계좌 3만 3170개를 나누면 1인당 4주씩 받을 수 있다.

<table>
<tr><th colspan="2">1억 TIP</th></tr>
<tr><td></td><td>공모주 투자에 참고하면 좋은 사이트</td></tr>
<tr><td>네이버페이 증권</td><td>https://finance.naver.com</td></tr>
<tr><td>38커뮤니케이션</td><td>38.co.kr</td></tr>
<tr><td>전자공시 다트</td><td>http://dart.fss.or.kr</td></tr>
<tr><td>대한민국 대표 기업공시채널 KIND</td><td>https://kind.krx.co.kr</td></tr>
</table>

16

IPO 순서에 대해 알아보자

1단계부터 3단계까지는 기관투자자를 대상으로 진행되기 때문에, 일반 투자자인 우리는 참여 권한이 없다. 하지만 IPO가 어떻게 진행되는지 아는 것은 대상에 상관없이 중요하니 꼭 알아두자.

1단계 **예심청구**

상장을 준비하는 기업이 첨부 서류와 상장 예비 심사를 청구하는 단계다. 예심청구한 기업은 네이버페이 증권 금융 IPO

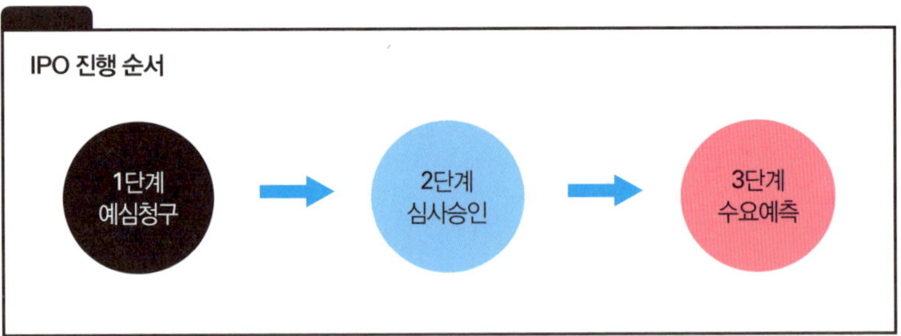

일정 목록에서 확인할 수 있다. 단, 확정된 일정은 아니다. 월초에 한 번 주관사, 청약 일정 및 공모가 범위를 미리 알아봐야 한다.

2단계 심사승인

상장 예비심사 신청서를 제출한 기업이 상장에 적합한지 심사 결과를 승인하는 단계다. IPO가 연기 또는 보류되면 여기서 승인이 나지 않았을 가능성이 높다.

3단계 수요예측

기관투자자 수요를 파악하는 단계로 최종 공모가격을 결정한다. 이 시기에 일반투자자는 공모 청약 6단계를 통해 투자할 준비를 하자. 일반 투자자는 참여 권한이 없기 때문에, 이 기간에 청약 준비를 시작하는 것이 유리하다.

17

투자자가 알아야 할
공모 청약 6단계

공모주 투자는 직접 몇 번 해보면 생각보다 쉽다는 걸 느낀다. 청약 분위기가 좋을 때는 굳이 공부하지 않아도 수익을 꽤 쏠쏠하게 보기도 하니까 말이다.

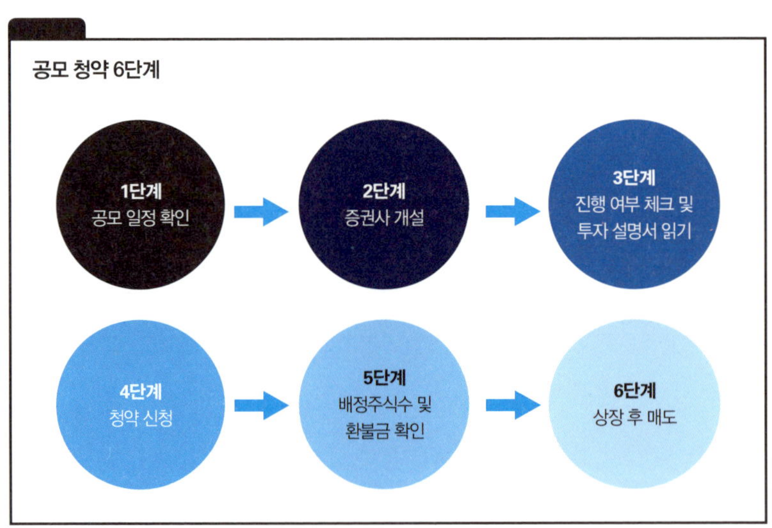

 이번 기회
로 첫 공모주 투자를 해볼 계획이라면 도움이 될 것이다.

공모 일정 확인

네이버페이 증권 사이트에서 공모 청약에 참여하는
기업명, 청약을 진행하는 증권사인 주관사, 개인이 청약을 참여할

증권홈 > 국내증시 > IPO

| IPO(기업공개)

기업이 최초로 외부투자자에게 주식을 공개하는 것으로 한국거래소에 공식상장하는 것을 말합니다.

종목			투자정보
코스닥 리센스메디컬			PDF [IPO] 리센스메디컬 IR BOOK
			PDF [IPO] 리센스메디컬 기업개요
공모가 11,000	업종 의료용 기기 제조업	주관사 KB증권, 한국투자증권	
개인청약경쟁률 2,097.18:1	개인청약 26.03.19~03.20	상장일 26.03.31	
코스닥 신한제17호스팩			
공모가 2,000	업종 금융 지원 서비스업	주관사 신한투자증권	
개인청약경쟁률 1,403.74:1	개인청약 26.03.19~03.20	상장일 26.04.01	
코스닥 교보20호스팩			
공모가 2,000	업종 기타 금융업	주관사 교보증권	
개인청약경쟁률 747.35:1	개인청약 26.03.23~03.24	상장일 26.04.02	
코스닥 인벤테라			PDF [IPO] 인벤테라 IR BOOK
			PDF [IPO] 인벤테라 기업개요
공모가 16,600	업종 자연과학 및 공학 연구개…	주관사 NH투자증권, 유진투자…	
개인청약경쟁률 1,913.29:1	개인청약 26.03.23~03.24	상장일 26.04.02	
코스닥 키움히어로제2호스팩			
공모가 2,000	업종 금융 지원 서비스업	주관사 키움증권	
진행상태 심사승인 ?	개인청약 26.04.14~04.15	상장일 미정	

네이버페이 증권(https://finance.naver.com) 접속 > 국내 증시 > IPO에서 확인할 수 있다.

수 있는 기간, 상장일 등을 핸드폰 캘린더에 정리한다.

리스트에 있어도 기업이 심사 조건에 충족하지 못해 일정을 연기하거나 취소해야 하는 경우가 있으니, 100% 맹신하지 말고 어떤 증권사가 주관사로 참여하는지만 미리 알아두자.

2단계 청약 주관하는 증권사 미리 개설하기

공모주 청약은 여러 증권사에서 주관한다. 자주 주관하는 곳도 있으면 드물게 진행하는 증권사도 있다. 증권사에 따라 청약 당일 또는 그 전날까지 계좌를 개설해야만 청약에 참여할 수 있다. 공모주 일정이 나오면 신규 계좌가 필요한 증권사는 미리 만들어 두자. 미루다 마음에 드는 기업의 공모 청약을 놓치는 일이 발생하면 안 되니까 말이다.

증권사 계좌는 자유 입출금통장이라 개설 후 20영업일인 약 한 달 이후에 또 다른 증권 계좌를 만들 수 있다. 직접 증권사에 방문하면 최근 입출금 계좌를 개설했더라도 공모주 청약 용도로 만들 수도 있다. 하지만 증권사는 비대면으로 계좌를 개설할 때 거래수수료, 이벤트 등 혜택이 더 많다. 급하지 않다면 이번 달에 공모주 청약을 주관하는 증권사가 많은 곳부터 비대면으로 하나씩 만드는 것을 권장한다.

청약 시작 1~2일 전, 청약 진행 여부 확인하기

네이버페이 증권 IPO 투자 정보 메뉴에서 '수요예측 결과안내'를 참고하거나 포털사이트에 해당 기업명으로 '수요예측'을 검색하면 확인할 수 있다. 만약 하루 전 저녁까지 결과가 나오지 않았다면 IPO를 연기했거나 취소한 경우일 수도 있다. 가끔 같은 기간에 청약 기업이 많이 몰릴 때 눈치 싸움으로 일정을 미루기도 한다. 뉴스 기사에서 '기업명 공모주'라고 검색 후 최신순으로 확인해 보자.

NH투자증권 청약 우대 자격요건

한도		자격요건	
온라인	오프라인	구분	직전 3개월 자산 평균 잔고
300%		직전 월말 연금 자산	1억 원 이상
250%		직전 3개월 자산 평균 잔고	3억 원 이상
200%	150%		1억 원 이상
150%	100%		3천만 원 이상
100%	불가		3천만 원 미만

미래에셋증권 청약 우대 자격요건

구분	자격요건 (한도별 1개 이상 충족 필요)
200%	1. 온라인 매체 청약 (HTS, Web, MTS, ARS) 2. 청약 수수료 2,000원 (단, Silver 등급 이상 면제)
100%	1. 영업점 청약 (창구 / 유선 / STM) 2. 청약 수수료 5,000원 (Diamond, Platinum 등급 면제)

증권사마다 청약할 수 있는 우대 자격요건이 다르다. 증거금을 충분히 가지고 있거나 대출받아 여유 자금이 있어도 정작 우대 자격에 충족하지 못해 증거금을 모두 활용하지 못하는 경우도 생긴다. 특히 대출까지 받았다면 이자만 내는 안타까운 상황이다. 비례 청약까지 노린다면 먼저 해당 증권사 자격요건에 충족하는지 확인하고 증거금을 마련하자. 투자자 사이에서 인기 있는 기업이라면 청약 시작 전, 증권사가 요구하는 자격요건을 미리 충족시키는 것도 팁이다.

4단계 ## 청약 시작 전날, 투자 설명서 읽고 투자 결정하기

투자 설명서는 전자공시 다트(DART) 홈페이지에서 회사명을 검색하자. 여러 보고서가 나오는데, '[기재정정] 투자설명서'를 누른다. 첫 화면에 '정정신고(보고)'라고 적혀 있는지 확인하자. 반드시 정정된 보고서를 봐야 한다. 기관투자자로 진행했던 3단계 수요예측 이후 수정 내용은 별도 색깔로 표시해 헷갈리지 않을 것이다. 투자 설명서 활용법은 95p에 따로 정리해 놓았다. 추가로 공모주 진행하는 회사 홈페이지가 있다면 들어가서 분위기도 보자.

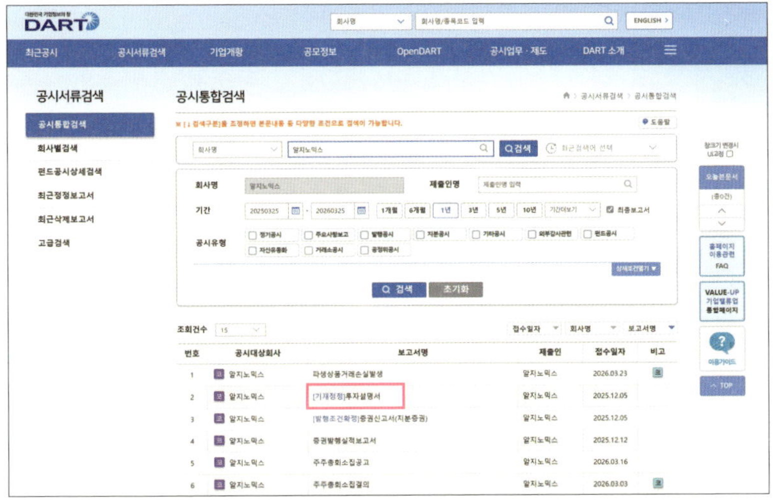

DART 홈페이지에서 원하는 기업의 투자설명서를 확인할 수 있다.

청약 둘째 날, 청약 신청하기

대부분 공모주 청약은 2일간 진행한다. 만약 금요일부터 시작하면 주말을 끼고 다음 주 월요일까지다. 증권사마다 조금 차이가 있지만 평일 오전 9~10시부터 오후 4시까지 신청할 수 있다. 참고로 삼성증권은 단독 주관 공모주만 연장하며, 1일 차는 저녁 10시까지 온라인 청약을 신청할 수 있다.

1일 차 경쟁률은 아직 청약에 많이 참여하지 않아 큰 의미가 없다. 2일 차 낮 1시 이후에도 경쟁률이 100:1 이하로 현저히 낮다면 신중하게 투자하자.

주관사가 2개 이상인 경우, 경쟁률이 낮거나 청약한도가 많은 증권사를 고르는 게 유리하다. 아니면 청약 수수료를 면제받을 수 있는 곳으로 고르자. 2일 차, 오후 4시에 마감하기 때문에 시간을 촉박하게 두고 투자하지 말자. 청약 마감 몇 분 전에 투자자가 몰려 시스템 먹통으로 신청하지 못 하는 일이 종종 생긴다. 증권사에 따라 추가 접수를 몇 시간 열어준 적도 있다. 이런 사례는 극히 드물지만 마감일에는 안전하게 오후 3시쯤에 경쟁률을 확인하면서 청약을 끝내자.

만약 비례 배정까지 노린다면 1일 차가 아닌 2일 차에 청약하자. 대출 이자를 하루치 덜 낼 수 있고, 파킹통장 이자는 하루 더 받을 수 있다. 증거금 환불일이 주말 이후라면 2일 치 대출 및 파킹통장 이자도 계산해서 어떤 게 더 이익인지 따져봐야 한다. 최근에 경쟁률이 좋은 공모주를 비례 청약하려고 했다. 하지만 공모가 자체가 낮아서 2배 상승 후 상한가로 한 번 더 가는, 이른바 '따따상'하더라도 파킹통장 이자를 받는 게 비례 청약으로 얻는 수익보다 이득이었다. 그래서 이때는 전략을 바꿔, 균등과 비례 청약에 소액으로 넣어 상장 당일 수익을 얻고 파킹통장 이자도 챙겼다.

증권사 애플리케이션마다 메뉴 구성이 다르지만 '공모주 청약'으로 검색해 보면 검색 시간 기준으로 청약을 신청할 수 있는 종목 확인과, 취소 및 청약 결과 조회도 가능하다. 단, 취소는 청약 기간에만 가능하다. 또한 기관 경쟁률이나 실시간 청약 및 비례 배정 경쟁률, 균등 배정 예상 주수 및 청약 기간도 확인할 수 있다. 청약 투자를 위해 투자 설명서 수령 여부를 체크하는 곳이 있다면 꼭 동의하자. 투자 설명서는 PDF로도 볼 수 있다. 지금 설명한 것 외에도 공모주 청약 신청 화면을 처음 봤을 때 낯설고 많은 양의 단어에 당황하지 않도록 자주 나오는 용어 위주로 정리했다.

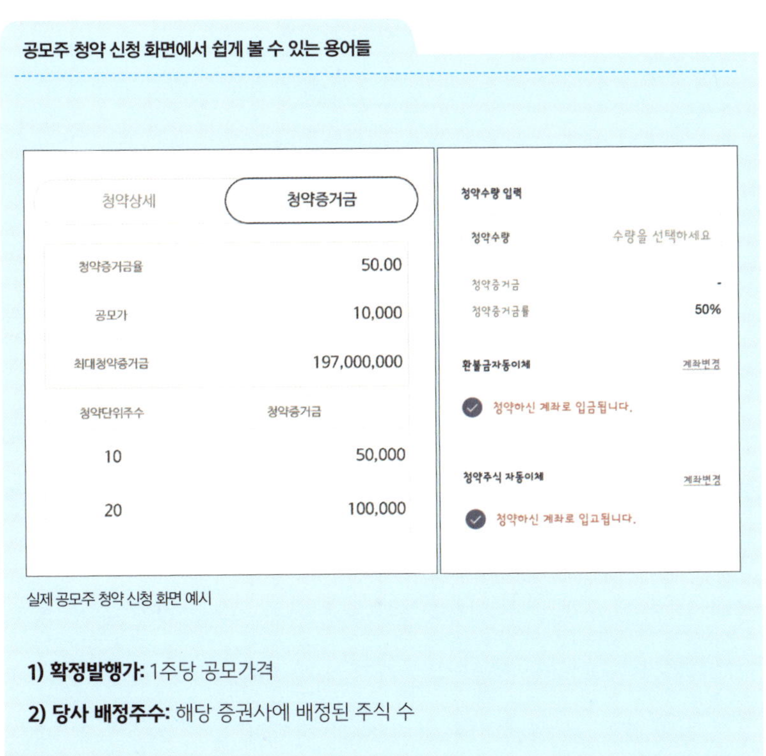

실제 공모주 청약 신청 화면 예시

1) 확정발행가: 1주당 공모가격
2) 당사 배정주수: 해당 증권사에 배정된 주식 수

3) 최소 청약주수: 청약 신청에 필요한 청약 수량

4) 최대 청약주수: 1인당 청약할 수 있는 최대 수량, 해당 증권사 우대 등급조건에 따라 달라짐

5) 청약 증거금률: 공모주 증거금은 50%만 필요. 확정발행가 × 최소 청약주수의 50% 금액 준비

예시) 공모가액 18,000원, 최소 청약 10주면 18,000원x10주x50%=90,000원 증거금 필요

6) 환불일: 청약하고 남은 금액 환불받는 날짜, 대출받아 투자할 때 이자 계산 필수

7) 상장예정일: 코스피 또는 코스닥에 상장하는 날

8) 경쟁률: 현재 청약 경쟁률로 예상 배정 청약 수를 알려주는 증권사도 있음

9) 청약종목명: 같은 날 여러 기업 청약할 때는 반드시 청약 종목명 한 번 더 확인 필요

10) 청약등급: 증권사마다 거래 실적 등 따라 등급 부여

11) 청약가능금액: 해당 계좌에 있는 잔액. 청약 금액이 부족하면 계좌에 채우고 다시 신청

12) 청약가능수량: 청약등급에 따라 최대 청약할 수 있는 수량. 투자할 돈은 많아도 등급이 낮으면 청약할 수 있는 주식 수가 제한적일 수밖에 없음

13) 청약 수수료: 증권사 등급에 따라 수수료 발생. 환불일에 수수료가 빠진 금액만큼 입금받으므로 투자자는 신경 쓸 필요 없음

청약 수수료는 증권사에 따라 1,000원에서 2,000원으로 배정받지 못하면 수수료를 환급해 준다. 수수료를 면제받는 방법은 증권사마다 다르다. 월말 잔액 3,000만 원 또는 특정 상품 가입 시 면제, IRP 계좌 개설 후 10만 원 이상 예치, 특정 기간 평균 잔고 5,000만 원 등 갈수록 조건 맞추기가 까다롭다.

청약 수량을 선택하면 현재 계좌 잔액에 맞게 자동으로 필요

한 청약증거금이 나온다. 균등 청약을 원한다면 주관사 최소 수량을 고르자. 단 경쟁률이 높은 공모주는 최소 청약만 했을 경우, 1주도 못 받을 수 있다. 비례 청약은 2일 차 3시 이후부터 경쟁률 확인은 필수다.

환불금 받을 계좌와 청약받을 주식 계좌는 변경할 수 있다. 증권사에 따라 이체 수수료가 발생하면 청약했던 증권사 계좌로 환불금을 받는다. 오픈뱅킹을 이용하면 하루 1천만 원까지 수수료 없이 이체 할 수 있기 때문이다. 그럼에도 원하는 금융회사로 받고 싶다면 이때 수수료가 발생하는지 확인하자. 단, 뒤에서 소개할 환매청구권 행사가 가능한 청약은 다른 증권사 계좌로 주식을 옮겨 받으면 효력이 사라지므로 주의하자. 또한 균등으로 청약을 했어도 마음이 변해 청약 수량을 늘리고 싶다면 기존에 청약한 내역을 취소한 후 다시 신청해야 한다.

환불일에 카톡 및 증권사 애플리케이션을 통해 배정 수량과 환불금을 확인할 수 있다. 그 즉시 캘린더 애플리케이션에 '기업명/받은 주식 수/1주당 가격/증권사'를 적어, 상장일 아침 8시 50분 일정으로 알람을 맞춘다. 만약 대출을 받았다면 환불금이 들어오는 아침에 바로 상환하자. 대출금은 하루하루 이자가 발생하므로 즉시 정리한다.

상장 후 매도하기

상장은 청약 후 1~2주 안에 이뤄진다. 상장 당일 아침 8시 반 이후, 증권사 애플리케이션에 로그인하면 주식 잔고 탭에서 종목명과 보유 수량을 확인할 수 있다.

상장일 아침 9시에 정해지는 가격이 시초가다. 8시 30분부터 예약 매수와 매도를 주문할 수 있으며 주문 순서는 동시호가(가격→시간→수량→위탁)로 처리한다. 장 시작 2~3분 전, 매수 물량을 보면 어느 정도 시초가 윤곽이 보인다. 시초가 형성이 높다고 실제 거래할 때 가격이 계속 상승하는 것은 아니다. 반대로 시초가가 높지 않았다고 계속 주가가 하락하는 것 또한 아니다. 주가는 아무도 예측할 수 없으니 장 시작 전 흐름은 분위기를 보는 용도로 활용하되 너무 맹신하지 말자.

시초가 범위는 공모가 60~400% 안에서 가격을 결정한다. 예를 들어 공모가가 1만 원인 A 기업의 시초가는 6,000원에서 40,000원 사이로 정해진다는 말이다. 투자자가 보기에 매력적인 회사라면 시초가 400%부터 시작한다. 반면 공모가 밑에서 시작했던 기업도 있었다. -10%가 하락한 상태로 2시간 넘게 지속해서 마음 졸이다, 이후 공모가 이상으로 반등했던 기억이 있다. 무조건 공모가 위에서 시작하지 않는다는 걸 명심하자.

시초가가 정해지면 그 가격에서 다시 ±30% 상·하한가 범위를 형성한다. A 기업 시초가가 20,000원이었다면 상한가는 26,000원, 하한가는 14,000원이다. 참고로 공모가 400%로 시초가가 정해졌으면 그 가격이 상장일 상한가다. 추가로 30% 더 오를 수 없다. 시초가가 공모가 2배 이후 상한가를 기록하면 '따상'이라 말하며 투자자는 공모가 기준 160%의 수익을 얻을 수 있다. 공모가 4배 상승은 '따따상'으로, 공모가 기준 300%의 수익을 얻는다.

① 상장 당일 아침 8시 30분까지, 메모 또는 캘린더 애플리케이션에 기록한 상장 일정을 확인한다.

② 아침 8시 30분 이후, 증권사 애플리케이션에 로그인해서 청약 배정받은 수량과 공모가를 한 번 더 확인한다. 자주 사용하지 않는 증권사 애플리케이션이라면 원활한 매도를 위해 미리 메뉴를 눌러본다. 인기가 많은 청약은 동시접속이 몰려 증권사 서버가 감당하지 못해 전산장애를 겪을 수 있다. 원하는 가격에 매도하지 못 하는 아찔한 상황이 발생했다면 당황하지 말고, 증권사 보상 민원 신청을 위해 먹통 된 상황을 캡처 또는 녹화하자. 주가가 오를 때는 천천히 매도해도 문제없지만, 실시간으로 하락할 때 손해가 더 크게 이어질 수 있다. 경험상 오류가 발생하면 하락 분위기는 더 강해졌다. 보상 민원은 상장일에 무조건 공모주로 받은 주식을 팔고 당일에 신청하는 것을 권장한다. 미루면 보상받지 못할 확률이 높다.
간혹 몇 시간 지나도 오류가 길어져 애플리케이션 정상 작동이 어렵다고 판단하면 고객센터 또는 영업점에 전화해서 시장가로 매도 주문을 걸 수 있다. 다만, 애플리케이션에 비해 매도 수수료가 4배 정도 차이 날 정도로 굉장히 비싸다. 내 경우는 증권사 애플리케이션 서버 공식 문제로 발생한 상황이었기에 애플리케이션으로 매도한 수수료로 적용해 줬다. 민원 신청할 때 해당 내용도 꼭 적어야 함께 보상받을 수 있다.
증권사 오류는 연간 손에 꼽힐 정도로 문제가 발생하지만, 직접 경험하면 금액 피해를 떠나 시간, 에너지 낭비로 신경 쓸 일이 많아진다. 증권사는 청약 수수료 받아서 서버 관리에 비용을 아끼지 않았으면 하는 바람이다.

③ 55분 이후, 시초가가 어느 정도 범위로 움직이는지 체크한다. 장 시작 전부터 매수 물량이 300만 주 이상 쌓여 있으면 조금 여유를 가지고 지켜본다. 반면 그 이하일 때는 최대한 빠르게 매도할 준비를 한다. 만약 같은 날 상장하는 여러 기업이 있다면 시초가가 낮게 자리 잡거나 의무보유확약 비중이 낮은 기업 또는 증권사 애플리케이션 컨디션에 따라 매도 순서를 정하자. 청약을 1개 기업만 했다면 그 하나에 집중하자. 공모주는 상장 시작하는 날 미리 상한가 또는 시장가를 걸 수 없고 9시부터 매매할 수 있다.

④ 9시~10분 이내, 장이 시작하고 1~2분 동안 상승 또는 하락 분위기를 체크한다. 계속 주가가 올라갈 분위기라면 조금 더 지켜본다. 반대로 내려갈 분위기라면 빠르게 매도할 준비를 하자. 공모주는 일반 주식과 달리 변동성이 심해 지정가 매도가 어려울 수 있다. 계속 주가가 내려갈 것 같으면 시장가로 최대한 손실을 줄이고 나오는 방법도 있다. 단, 인기가 많은 기업은 시초가가 200%로 정해지고 바로 300%인 상한가로 시작하는 사례도 있다. 이때는 앞에서 소개한 동시호가 순으로 매수 체결된다. 매도 물량 없이 매수 물량이 현저히 많을 때 흔히 '잠긴다'라고 말하는데 이때는 추가 매수를 하고싶어도 쉽지 않다.

⑤ 9시 10분 이후, 아직 공모주를 보유하고 있다면 주가 흐름을 보고 적정 가격에 매도한다. 계속 상승하기 어려울 것 같다고 판단하면 늦어도 9시 반 이전에 정리한다. 조금이라도 더 높은 가격에 매도하고 싶어 하루 종일 주식 창만 보기에는 흘러가는 시간이 더 소중하다. 팔았을 때보다 주가가 더 올라가면 속 쓰릴 때도 분명 있다. 그럼에도 주가 움직임은 우리가 예측하고 통제할 수 없는 영역이니 마음 편히 보내주자. '익절은 늘 옳다'라는 걸 잊지 말자.

⑥ 매도 당일, 매도한 금액은 2영업일 지나고 현금으로 뺄 수 있다.

18

상장 후 재투자는
이렇게 접근하자

매력적인 기업을 발견해 공모주 청약을 재투자하고 싶은 마음이 생길 수 있다. 이때는 공모주로 받은 주식은 모두 매도하고 시작하자. 주가가 하락할 때마다 추가로 소량 매수하면서 흐름을 본다. 원하는 수익률에 도달하면 분할 매도로 수익을 얻는다. 상장하고 1년이 넘기 전까지 무리하게 주식 수를 늘리거나 오래 보유하는 것은 추천하지 않는다.

상장 초창기는 주가 변동성이 심할 수밖에 없다. 여러 이유 중 상장한 기업은 상장일로부터 의무보유확약 해제 기간도 영향을 준다. 아무리 좋은 회사라 할지라도 주식을 많이 가진 주주가 팔면, 단기적으로 주가가 하락하면서 소액 투자자는 손해를 볼 수도 있다. 그래서 상장할 때 상장일 기준으로 15일, 1개월, 3개월, 6개월 동안 기관투자자는 주식을 팔지 못한다는 조건이 있다. 좋은 기업

이라고 판단하면 그들도 오
래 가지겠다고 할 테니 그
비중도 청약하기 전에 확인
하자. 이를 '의무보유확약'
이라고 말하며, 청약 투자
에서 중요한 요소이므로 꼭
알아두자. 바로 다음 파트
에 나올 20장 투자 설명서,

의무보유확약 신청 내역(예시)

구분	신청수량(주)
6개월 확약	1,051,643,000
3개월 확약	3,071,743,000
1개월 확약	701,546,986
15일 확약	141,506,000
합계	7,966,438,986
총 수량 대비 비율	81.15%

반드시 확인해야 하는 9가지 요소에서 더 자세히 다루겠다.

　해당 자료는 기관이 제시한 A 기업의 의무보유확약 신청 자료다. 상장 후 확약 기간이 하나둘 지났고 가장 많은 물량이 나오는 마지막 6개월 의무 보유 확약이 해제되는 날에 169,000원에서 14,500원 하락한 154,500원 마감으로 주가 변동이 있었다. 며칠 뒤 주가는 다시 회복했다.

　많은 물량이 나와도 빠르게 주가를 회복하는 좋은 기업도 있지만 그렇지 않은 곳도 많다. 이런 변동성 때문에 공모주로 투자한 기업은 단기간에 다시 매수하는 일은 거의 없다. 그럼에도 정말 괜찮은 신규 상장 기업을 찾았다면 의무보유확약이 완전히 풀리고 난 뒤 주식 가격이 충분히 안정된 시점에서 매수하는 것을 권장한다.

19

공모주 불패의 법칙, 기업 투자 설명서

공모주 청약 투자에 실패하지 않는 방법은 '기업의 투자 설명서를 읽는 것'이다. 자료가 방대한 투자 설명서를 짧은 시간에 읽는다는 건 초보자 관점에서 부담이다. 그렇다고 단지 수요예측이 좋거나 매체에서 기대하는 기업 등 좋은 얘기만 듣고 투자하는 것은 위험하다. 소문난 잔치에 먹을 것이 없다는 말처럼, 언론의 막연한 긍정적 분위기를 담은 정보보다 투자 설명서 안에서 필요한 데이터를 확인한 후 투자에 참고하도록 하자.

아래는 공모주 청약하기 전, 초보자가 반드시 확인해야 할 요소 등을 정리한 글이다. 나는 이 방법으로 지금까지 공모주 투자 수익을 꾸준히 얻고 있다. 현재 마땅한 공모주 청약 일정이 없다면 최근 1년 상장 기업 중 결과가 좋았던 곳과 공모가보다 낮게 시초가를 만든 곳, 또는 손해가 났던 곳을 2개씩 찾아 공부해 보는 걸 추

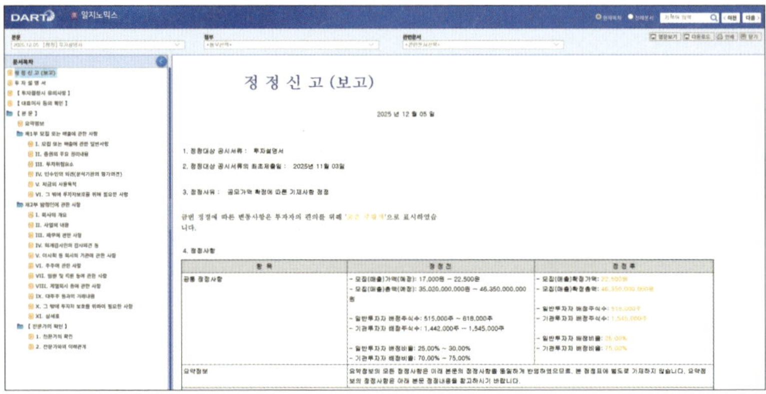

다트(**DART**)에서 확인한 '알지노믹스'의 투자 설명서

천한다. 이번 파트에서는 2025년에 상장한 기업 중 결과가 좋았던 '알지노믹스'의 투자 설명서를 통해 소개해보고자 한다.

투자 설명서는 금융감독원 전자공시시스템 '다트'에서 확인한다. 검색창에 회사명을 검색한 후 '[기재정정] 투자설명서' 보고서를 누르면 정정신고(보고)로 첫 화면이 나온다. 정정신고(보고) 페이지는 수요예측 이후 공모가액 확정에 따라 기재정정 된 내용으로, 청약 투자 전 반드시 참고할 자료다. 이때 '정정 후'로 적힌 내용만 보면 된다.

1. 공모개요

공모개요란 어떤 증권사가 청약 수량을 얼마나 인수하는지 확인할 수 있는 자료다. 수량은 증권사마다 다를 수 있다. 보통 한두 곳에서 진행하지만, 규모가 크거나 인기가 많은 기업은 여러 증권사가 주관한다. 다수의 증권사가 참여한다고 해서 무조건 기대한 만큼의 수익은 얻지 못할 수도 있다. 주관사 이외 기업의 청약기일, 납일기일(환불일) 등도 확인할 수 있으나, 투자 설명서에 상장일까지 나와 있지 않으니 포털사이트에서 기업명 상장일을 검색하여 정보를 얻자.

1. 공모개요

증권의종류	증권수량	액면가액	모집(매출)가액	모집(매출)총액	모집(매출)방법
기명식보통주	2,060,000주	500원	22,500원	46,350,000,000원	일반공모

인수인		증권의 종류	인수수량	인수금액	인수대가	인수방법
공동대표 주관회사	삼성증권	기명식 보통주	1,030,000주	23,175,000,000원	1,302,124,725원	총액인수
공동대표 주관회사	NH 투자증권	기명식 보통주	1,030,000주	23,175,000,000원	1,302,124,725원	총액인수

청약기일	납입기일	청약공고일	배정공고일	배정기준일
2025.12.09. ~ 2025.12.10	2025.12.12	2025.12.09	2025.12.12	-

주1) 모집(매출)가액(이하"확정공모가액"이라 한다.)과 관련된 내용은 「제1부 모집 또는 매출에 관한 사항」 - 「Ⅳ. 인수인의 의견(분석기관의 의견)」의 「1. 공모가격에 대한 의견」 부분을 참조하시기 바랍니다.

주2) 모집가액, 모집총액, 인수금액은 대표주관회사와 발행회사가 협의하여 결정한 확정공모가액 22,500원 기준입니다.

주3) 모집(매출)가액의 확정(이하 "확정공모가액"이라 한다)은 청약일 전에 실시하는 수요예측 결과를 반영하여 공동대표주관회사인 삼성증권(주) 및 NH투자증권(주)과 발행회사인 알지노믹스(주)와 협의하여 1주당 확정공모가액을 22,500원으로 최종 결정하였습니다.

주4) 「증권의 발행 및 공시 등에 관한 규정」 제2-3조 제2항제1호에 따라 정정신고서 상의 공모주식수는 금번 제출하는 증권신고서의 공모할 주식수의 100분의 80 이상과 100분의 120 이하에 해당하는 주식수로 변경가능합니다.

주5) 청약일
- 기관투자자 청약일: 2025년 12월 09일 ~ 2025년 12월 10일(2일간)
- 일반청약자 청약일: 2025년 12월 09일 ~ 2025년 12월 10일(2일간)
※ 기관투자자의 청약과 일반청약자 청약은 2025년 12월 09일 ~ 2025년 12월 10일 이틀간 실시됨에 유의하시기 바라며, 상기 청약일 및 납입일 등 일정은 효력발생일의 변경 및 회사상황, 주식시장 상황 등에 따라 변경될 수 있습니다. 이중청약 금지와 관련한 세부적인 내용은 『제1부 모집 또는 매출에 관한 사항 – I. 모집 또는 매출에 관한 일반사항 – 4. 모집 또는 매출절차 등에 관한 사항 – 다. 청약에 관한 사항』을 참고하시기 바랍니다.

주6) 기관투자자, 일반청약자의 청약 후 최종 미청약 물량에 대해 인수하고자 하는 기관투자자의 경우 청약 종료 후 배정 전까지 추가로 청약을 할 수 있습니다.

2. 공모 방법

주관사마다 주식 수 및 비율을 볼 수 있는 페이지다. 세부내역 중 모집 대상 종류에는 우리사주조합, 일반 청약자, 기관투자자가 있다. 기업에 따라서는 우리사주조합 배정이 없을 때도 있다. 만일 여러 증권사 계좌를 갖고 있다면, 경쟁률이 낮거나 우대 등급 또는 수수료를 면제받을 수 있는 주관사로 고르자. 계좌가 다양하면 선택할 수 있는 범위가 넓어지므로 미리 공모주 일정을 확인 후, 하나씩 개설해 놓는 것도 추천한다.

나. 모집의 방법 등

(1) 모집의 방법

[공모방법 : 일반공모]

공모대상	주식수	배정비율	비고
일반공모	2,060,000주	100.00%	고위험고수익투자신탁등 및 벤처기업투자신탁 배정수량 포함
합계	2,060,000주	100.00%	-

[모집 세부 내역]

공모대상	주식수	배정비율	주당 공모가액	공모총액	비고
일반 청약자	515,000주	25.00%		11,587,500,000원	-
기관 투자자	1,545,000주	75.00%	22,500원	34,762,500,000원	고위험고수익투자신탁등 및 벤처기업투자신탁 배정물량 포함
합계	2,060,000주	100.00%		46,350,000,000원	-

주1) 모집대상 주식에 대한 인수비율은 다음과 같습니다.

구분		배정주식수	배정비율	주당 모집가액	배정금액
공동대표주관회사	삼성증권	1,030,000주	50%	22,500원	23,175,000,000원
공동대표주관회사	NH투자증권	1,030,000주	50%	22,500원	23,175,000,000원

주2) 금번 모집에서 일반청약자, 기관투자자에게 배정 주식은 공동대표주관회사인 삼성증권(주) 및 NH투자증권(주)을 통하여 청약이 실시되며, 일반청약자에게 배정된 모집물량은 아래와 같습니다.

구분		일반청약대상 모집주식수	주당 모집가액	일반청약대상 모집총액
공동대표주관회사	삼성투자증권	257,500주		5,793,750,000원
공동대표주관회사	NH투자증권	257,500주	22,500원	5,793,750,000원
합계		515,000주		11,587,500,000원

주3) 「근로복지기본법」 제38조제2항 및 「증권 인수업무 등에 관한 규정」 제9조제1항제2호에 근거하여 우리사주조합에게 공모주식의 100분의 20의 범위에서 우선적으로 배정할 수 있으나, 금번 공모에서는 우리사주조합에 대한 우선배정을 진행하지 않습니다.

3. 수요예측 결과

수요예측 참여 내역표에서 다양한 기관투자자를 볼 수 있다. 그중 알아둘 수치는 '합계 건수'와 '최종 경쟁률'이다. 해당 기업의

(13) 수요예측 결과

(가) 수요예측 참여내역

(단위: 건, 주)

구분	국내기관투자자					외국 기관투자자		합계
	운용사(집합)		투자매매·중개업자	연기금, 윤용사(고유), 은행, 보험	기타	거래 실적 유 (주1)	거래 실적 무	
	공모	사모						
건수	47	977	26	389	716	74	-	2,229
수량	57,963,000	517,849,560	40,170,000	236,249,995	381,065,480	78,264,360	-	1,311,562,395
경쟁률	37.52	335.18	26.00	152.91	246.64	50.66	-	848.91

주1) 인수인(해외현지법인 및 해외지점을 포함한다)과 거래관계가 있거나 인수인이 실재성을 인지
하고 있는 외국기관투자자

수요예측 결과는 기관투자자 참여한 수(2,229건)와 경쟁률(848.91:1)
이다. 즉, 경쟁률이 높을수록 많은 곳에서 관심을 가진다는 말이다.
단, 무조건 경쟁률이 낮다고 안 좋은 건 아니다. 청약 규모가 작은
데 기관투자자가 많이 몰리면 경쟁률은 올라가고, 반대로 청약 건
수가 많아도 청약 규모가 크면 경쟁률이 낮게 나오기 때문이다.

4. 수요예측 신청 가격 분포

구분	참여건수(건)	비율(%)	신청수량(주)	비율(%)
가격 미제시	34	1.53	28,932,000	2.21
22,500원(상단) 초과	116	5.20	65,660,637	5.01
22,500원(상단)	2,079	93.27	1,216,969,758	92.79
17,000원(하단) 초과 ~ 22,500원(상단) 미만	-	-	-	-
17,000원(하단)	-	-	-	-
17,000원(하단) 미만	-	-	-	-
합계	2,229	100	1,311,562,395	100

위의 표는 청약하는 기업의 공모가를 어떻게 산정했는지 알 수 있는 표다. 희망가격범위를 '희망밴드가'라고 부르며 해당 기업은 17,000원~22,500원이었다. 기관 수요예측에서 22,500원(상단)은 93.27%, 22,500원(상단) 초과는 5.20%, 가격 미제시는 1.53%로 깔끔했다. 이때 가격 미제시는 가격을 제시하지 않고 무조건 가장 높은 가격을 써낸 것을 말한다. 미제시한 비율이 높으면 호의적으로 볼 수 있다. 요즘 희망밴드는 범위가 무색할 정도로 상단 가격 그 이상에서 공모가를 정하는 경우가 빈번하다. 그럼에도 확인이 필요한 이유는 해당 기업이 매력적이지 않으면 희망밴드가 범위 하단에 머무르게 되는데, 이런 결과가 나온 기업은 과감하게 넘길 수 있는 근거 자료이기 때문이다.

5. 의무보유 확약 신청 내역

의무보유 확약이란 기관투자자가 수요예측에 참여하고 나서 받은 주식을 일정 기간 팔지 않고 보유하겠다는 말이다. 상장할 기업이 앞으로 높은 성장 가능성을 보인다고 판단하면 비율이 높다. 기간별 확약이란, 예를 들어 15일 확약에 101,890,700주를 신청했다면 15일 이전까지 해당 주수만큼은 시장에 매도하지 않겠다는 것을 뜻한다. 참여 건수보다는 신청 수량을 확인해 비중을 확인하면, 언제 물량이 많이 쏟아지는지 미리 알고 대비할 수 있다. 투자 설명서마다 확약 비율을 함께 보여주는 곳도 있고, 아닌 곳도 있다. 계산하는 방법은 (총 수량 합계-미확약 수량 합계/총 수량 합계)×100이다. 해당 기업은 74.29%이었고, 청약 마감 후 최종 확약은 82.8%로 올랐다.

(다) 의무보유 확약 신청내역

구분	국내기관투자자											
	운용사(집합)						투자매매, 중개업자			연기금, 운용사(고유), 은행, 보험		
	공모			사모								
	건수	수량	신청가격	건수	수량	신청가격	건수	수량	신청가격	건수	수량	신청가격
6개월 확약	14	166,794,000	23,214	406	247,750,660	22,621	7	10,815,000	22,500	97	60,688,328	22,857
3개월 확약	12	12,329,000	22,500	314	166,896,900	22,595	6	9,270,000	23,750	85	42,085,000	22,675
1개월 확약	8	10,502,000	22,500	95	38,430,000	22,622	5	7,725,000	22,500	43	30,623,900	22,571
15일 확약	4	5,220,000	22,500	101	37,874,000	22,747	1	1,545,000	22,500	29	13,645,000	22,748
미확약	9	13,118,000	22,500	61	26,898,000	22,881	7	10,815,000	22,714	135	89,207,767	22,789
합 계	47	57,963,000	22,733	977	517,849,560	22,642	26	40,170,000	22,846	389	236,249,995	22,754

구분	해외기관투자자						합계		
	거래실적(유) 주1)			거래실적(무)					
	건수	수량	신청가격	건수	수량	신청가격			
6개월 확약	-	-	-	-	-	-	727	407,055,481	22,677
3개월 확약	6	9,270,000	22,500	-	-	-	561	313,678,900	22,622
1개월 확약	10	7,359,000	22,500	-	-	-	277	151,689,200	22,571
15일 확약	9	9,000,700	22,500	-	-	-	213	101,890,700	22,662
미확약	49	52,634,660	22,500	-	-	-	451	337,248,114	22,812
합계	74	78,264,360	22,500	-	-	-	2,229	1,311,562,395	22,682

6. 청약한도 및 청약단위

주관사마다 일반 청약자 배정 물량 및 최고 청약한도, 청약 주식별 청약단위는 조금씩 달라진다. 균등 청약만 넣을 때는 최소 청약단위를 확인하자. 또한 증권사 우대 고객 여부에 따라 넣을 수 있는 최고 청약한도가 다르다는 것도 잊지 말자. 해당 내용은 투자자가 알아야 하는 공모 청약 6단계 중 3단계에서 확인할 수 있다.

(4) 청약한도 및 청약단위

① 일반청약자는 공동대표주관회사인 삼성증권(주) 및 NH투자증권(주)의 본 지점에서 청약이 가능합니다.

② 일반청약자의 1인당 청약한도 및 청약단위는 아래와 같습니다. 단, 청약 단위와 상이한 청약수량은 그 청약수량 하위의 청약단위로 청약한 것으로 간주합니다.

[삼성증권(주) 일반청약자 배정물량, 최고청약한도 및 청약증거금율]

구 분	일반청약자 배정물량	최고 청약한도	청약증거금율	배정기준일
삼성증권(주)	257,500주	주1)	50%	-

주1) 삼성증권(주)의 일반청약자 청약한도는 청약자격별로 상이합니다.

구분	청약한도율	최고 청약한도
우대 청약자격	200%	24,000주
일반 청약자격	100%	12,000주
온라인 전용 청약자격	50%	6,000주

청약자격 상세는 상기 "(3) 일반청약자의 청약자격"을 참조하시기 바랍니다.

[삼성증권(주) 청약주식별 청약단위]

청약주식수	청약단위
10주 이상 ~ 100주 이하	10주
100주 초과 ~ 1,000주 이하	100주
1,000주 초과 ~ 5,000주 이하	200주
5,000주 초과 ~ 10,000주 이하	500주
10,000주 초과 ~ 20,000주 이하	1,000주
20,000주 초과	2,000주

청약 경쟁률이 현저하게 낮으면 균등 배정 최소 청약주수만큼 모두 받는 상황도 생긴다. 예를 들어 10주로 신청했으면 10주

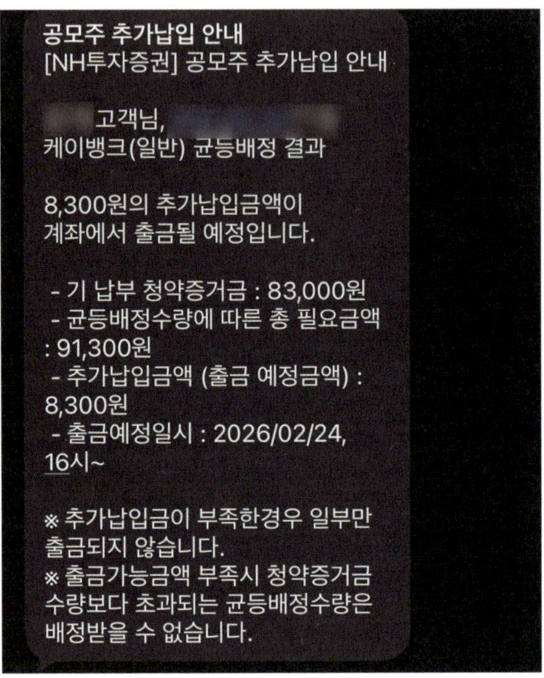

공모주 추가 납입 시 자동 출금에 동의하면 이와 같은 카톡 메시지를 받는다.

모두 받는 식이다. 공모주 청약할 때 증거금으로 50%만 냈다는 것을 기억하는가? 부족한 50%의 증거금을 증권사가 요청한 일정까지 계좌에 넣으면 추가 배정해준다. 요즘은 청약할 때 추가 납입이 필요할 시, 자동 출금 동의에 체크하면 청약 종료 다음 영업일에 자동으로 청약 계좌에서 빠진다. 추가 배정받고 싶지 않다면 청약 신청할 때 동의하지 말자.

최소 10주 청약할 때 1~3주 정도 받는 걸 고려하면 인기가 많이 없던 공모 청약일 가능성이 높다. 예시로 들었던 공모주 청약은 추가 배정까지 받아 상장 당일까지 걱정했는데 소소하게 수익을 내고 기분 좋게 마무리했던 기억이 있다.

7. 비교대상회사 PER 산출 내역

공모가는 어떻게 정할까? 투자 설명서 제1부 4.인수인의 의견에서 'C=A/B'로 검색하면 2~4개 기업의 당기순이익을 비교해 놓은 자료에서 찾아볼 수 있다. 공모가액을 산정하는 방법은 유사 기업 실적을 환산해 적용한 PER 또는 EV/EBITDA 등을 이용한다. PER이란 동종 업종이나 경쟁사를 비교할 때 활용하는 용어로써, 현재 주가에서 주식 1주당 1년 간 벌어 들인 순이익을 나눈 수치를 말한다. EV/EBITDA의 경우, 기업가치(EV:Enterprise Value)와 영업 활동을 통해 얻은 이익(EBITDA:Earnings Before Interests, Taxes, Depreciation and Amortization)관계를 나타내는 지표로, 실제 사용 가치가 높은 영업 자산이 영업 활동에서 얻은 이익의 몇 배인지를 나타낸다. 용어를 완벽하게 이해하지 못했더라도 청약 투자에 큰 영향을 미치지 않으니 걱정하지 말자.

평가에 반영된 유사 업종 기업의 현재 주가 및 최근 흐름세 그래프도 함께 보면서 확정 공모가액과 비교해 보면 조금 더 깊게 공부할 수 있으니 참고하자.

(나) 비교대상회사 PER 산출

상기에서 산출한 기준주가 및 비교대상회사의 2025년 반기 기준 직전 12개월 당기순이익 수치를 비교하여 아래와 같이 적용 PER을 산출하였습니다.

[2025년 반기 기준 직전 12개월 (지배주주)당기순이익 비교회사 PER 산정]

구분	SK바이오팜	한미약품	종근당
2025년 반기 기준 직전 12개월 (지배주주)순이익 (A)	255,991백만원	107,352백만원	60,986백만원
적용 주식수 (B)	78,313,250주	12,810,991주	13,802,780주
EPS (C=A/B)	3,268.8원	8,379.7원	4,418.4원
기준주가 (D)	107,035원	314,250원	81,770원
PER(배) (E=D/C)	32.75배	37.49배	18.51배
3개사 평균 PER(배)	29.58배		

출처: 각사 공시자료 및 DataGuide

주1) 적용순이익은 2025년 반기 기준 최근 4개분기 (지배지분) 순이익의 합계

주2) 적용 주식수는 DataGuide를 참조한 상장주식총수입니다.

주3) 기준주가는 평가기준일(2025년 9월 23일)로 하여 분석기준일(2025년 9월 23일)의 종가, 5영업일(2025년 9월 17일~2025년 9월 23일)의 종가, 20영업일(2025년 8월 27일~2025년 9월 23일) 각 종가 산술 평균 중 낮은 가액을 적용하였습니다.

확정 주당공모가 금액을 보면 26.49%로 낮아진 할인율이 적용되었다. 요즘은 공모가 할인도 크게 없어졌다는 걸 알 수 있다.

8. 자금의 사용 목적

투자 설명서 제1부 5. 자금의 사용 목적에서 청약으로 모은 공모자금을 어떻게 사용할 것인지에 대한 계획을 밝혀놓았다. 자금 사용 계획은 크게 시설자금, 영업양수자금, 운영자금, 채무상환자금, 타법인증권취득자금, 기타 총 6개의 항목으로 나눈다.

시설자금 또는 연구개발(기타)에 사용 계획은 회사 영업이익을 증진할 방법이라 긍정적 요소다. 반면, 운영자금으로 사용하는 비중이 높거나 빚을 갚기 위한 채무상환자금이 상대적으로 많다면 부정적 요소로 인지한다. 단, 상장 전에 기업 투자를 위한 빚이 생기는 예외도 존재할 수 있다.

9. 유통물량 출회에 따른 위험

투자 설명서 제1부 3. 투자위험요소에서 '유통물량 출회'를 검색하면 해당 내용을 빠르게 찾을 수 있다. 유통물량 출회는 상장 직후 유통할 수 있는 주식을 말한다. 상장일로부터 매도할 수 있으므로 물량 비중이 클수록 주식 가격 하락 가능성도 높아진다. 요즘은 기존 주주 엑시트 용도로 상장이 많아져 최대주주뿐만 아니라 특별이해관계자, 벤처금융 및 전문 투자자, 소액주주 비중이 꽤 크다.

투자자는 상장 후 유통 가능 물량 총비율과 공모주주 비율을

가. 상장 이후 유통물량 출회에 따른 위험

금번 공모예정주식을 포함한 당사의 상장예정주식수 13,756,000주 중 의무보유 수량을 제외한 주식수 4,851,103주(공모 후 35.27%)는 상장 직후 유통가능 시장에서 유통가능한 물량에 해당합니다. 유통가능물량의 경우 상장일로부터 매도가 가능하므로 이로 인하여 주식가격이 하락할 수 있으며, 의무보유가 종료되면 해당 물량의 출회로 추가적인 주가 하락이 발생 할 수 있으니 투자자께서는 유의하시기 바랍니다.

기간별 유통가능 주식수 예시 (기준일: 증권신고서 제출일 현재)

구분	주식수	유통가능 주식수 비율
상장일 유통가능	4,851,103주	35.27%
상장 후 1개월 뒤 유통가능	8,235,556주	59.87%
상장 후 3개월 뒤 유통가능	10,884,922주	79.13%
상장 후 3년 뒤 유통가능	13,756,000주	100.00%

비교해야 한다. 해당 기업은 35.27% 중 공모주주 비율이 14.98%다. 그중 매각 제한에 기간이 없는 물량은 5.80%였다. 나머지는 1개월 또는 3개월간 의무 보유 기간이 있다. 즉, 남은 물량은 1개월 또는 3개월이 지나면 매도할 수 있다는 말이다. 주의할 점은 5번에 언급했던 기관투자자 의무보유확약 물량은 아직 반영하지 않았기에 추가로 계산해야 한다.

상장 이후까지 보유할 계획이 있다면 최대 주주 등 의무보유 예탁 대상자 의무보유기간 종료도 미리 알아두자. 더불어 코넥스 상장 기업이 코스닥으로 이전하는 공모 청약이라면 유통물량 비중을 주의 깊게 보자. 그 외 사업위험, 회사위험, 기타위험 등도 읽어보면서 청약 준비를 마무리하자.

주식도 환불이 될까?

공모주 청약 열풍이 불면서 묻지마 투자가 만연해졌다. 우리는 현재 정보의 과잉 속에서 살고 있으니, 오히려 거짓 또는 과장된 정보를 골라내야 하는 상황이다. 우리에게 친숙한 기업일지라도 주식시장에서 무조건 좋은 평가를 받는 것은 아니다. 제대로 알아보지 않고 언론이나 증권사에서 많이 언급하고 있다는 이유만으로 내 소중한 자산을 투자하기에는 위험 요소가 따른다.

이런 분위기 속에서 몇 년 전, 갓 상장한 A 회사의 주식을 매수한 초보 투자자가 주식 환불 요청 글을 올렸다. 이때 주의 깊게 볼 점은 환불 요청을 한 투자자는 공모주 청약을 하지 않고 상장 당일 따로 매수한 사례다.

공모주 청약으로 받은 주식은 대부분 환불이 안 된다. 다만, 해당 기업이 '환매 청구권(풋백 옵션)' 이라는 제도를 공모주 청약에서 부여했다면 일부 환불 받을 수 있다. 환매청구권이란, 상장한 회사 주가가 공모가보다 하락할 때 청약에 참여한 투자자가 IPO를 주관한 증권사에 주식을 매도할 수 있는 권리를 말한다. 매도 가격은 100%가 아닌 공모가의 90%로 정하고 있다. 만약 그 시기에 주가지수가 10% 초과하여 하락하면 더 낮은 가격으로 보상 받는다. 단, 공모주로 받은 주식을 매도·인출·이체·양도하거나 대체 출고할 때 환매청구권을 행사하지 못한다. 본인 외 가족 계좌로 대체했으면 환매청구권은 소멸한다는 말이다. 신청하는 방법은 증권사마다 다르지만, 증권사 애플리케이션, HTS, 전화로 신청할 수 있고 당일 오후 4시 이후 계좌로 입금 받는다.

대부분 코스피보다 코스닥 시장에 상장하는 기술성장기업이나 이익미실현기업에 환매청구권을 부여한다. 투자 설명서에 환매 청구권 부여 또는 미부여라는 항목을 명시하고 있으니 투자할 때 반드시 확인하자. 검색어 입력 기능으로 투자 설명서 제1부 3. 투자위험 요소 파트에서 '환매 청구권' 단어를 찾아볼 수 있다. 환매청구권이 있는 기업은 공모가에서 -10% 이상 하락했고 행사 가능 기간 안에 주가 회복이 힘들어 보일 때 사용하자. 환매 청구권 기간은 3개월 또는 6개월이다.

예를 들어 공모가가 13,000원이라면 환매청구권 가격은 11,700원이다. 위에서 언급했듯 환매청구 행사 가능 기간 중 지수가 급락할 때 행사가도 변경될 수 있다. 즉, 권리행사가격은 투자자가 받을 수 있는 최대 가격인 셈이다. 가끔 환매청구권이 있는 공모주를 기업 분석 없이 최대 10%정도만 손해 보는 보험이라며 청약하는 사례가 많다. 하지만 처음부터 좋지 않은 기업을 청약하지 않았더라면 발생하지 않았을 손실 10%다. 추가로 공모주 청약 수수료와 매도할 때 부과하는 세금은 별도라 따져보면 더 많은 비용이 들어가는 셈이다. 정리하면 환매청구권이 있다고 무조건 투자하는 것은 위험하다. 수요예측이 좋았고 청약 경쟁률도 높았던 좋은 기업이 있다. 하필 상장하는 날 시장 분위기가 좋지 않아 기대했던 만큼 주가가 오르지 않고 오히려 하락했을 때 사용하는 권리로 바라보자. 오히려 좋은 기업은 상장 당일 시장 분위기가 좋지 않아도 수익을 가져다줄 확률이 높아지고 있다.

공모주에서 레버리지 투자도 해볼까?

수중에 현금이 부족해 공모주 청약을 통한 더 큰 수익의 기회를 놓칠 때면 아쉬운 건 어쩔 수 없다. 처음에는 한정된 자산을 안전하게 투자하는 쪽이었지만, 몇 번 참여하면서 공모주 청약도 레버리지를 활용해보고 싶었다. 레버리지는 일시적으로 돈을 빌려 투자하는 것으로, 대출이자 이상의 수익이 나면 더 빠르게 자산을 불릴 수 있다.

내 생애 첫 레버리지 투자는 '빅히트엔터테인먼트(현 하이브)' 공모주 청약으로, 당시 A 증권사에서 B 은행과 제휴를 맺은 신용대출 이벤트로 진행 중이었다. 투자자가 500만 원만 있으면 금융회사에서 4,500만 원을 빌려주고 신용대출 기간에 발생하는 이자 100%를 금융회사가 부담하는 방식이었다. 단, 대출금은 빅히트엔터테인먼트 청약증거금으로만 사용해야 한다는 조건이 있었다. 평소 빚내서 투자하는 것에 대해 반감이 있던 터라 잠시 고민했었지만, 이벤트에 당첨되면 이자를 내지 않고 투자해 볼 수 있는 경험이라 생각해 고민 끝에 마지막 날 신청했다. 그 결과 운 좋게도 당첨되었고, 가지고 있던 자금을 조금 더 보태서 청약 3주를 받았다. 상장일에 1주당 135,778원의 수익이 났다. 만약 가진 돈으로만 했더라면 1주도 간신히 받았을 것이다. 해당 은행 신용대출 기준금리는 KORIBOR 연동금리(3개월)로 그 당시 3.11%(7,647원/2일 기준)이었다. 대출받는 과정에서 신용정보 조회로 신용 점수가 일시적으로 낮아졌으나 대출을 갚고 나서 다시 상승했다.

처음 대출을 경험한 건 신용대출이지만 이외에도 마이너스통장, 예적금 담보대출, 보험약관대출 등으로 레버리지를 일으킬 수 있는 금융상품이 존재한다. 공모주 청약은 짧게는 2일, 주말이 낄 땐 4일 정도 돈이 묶인다. 대출 이자보다 큰 수익이 날 것으로 기대한다면 활용해도 좋다. 해보니 오히려 레버리지를 늦게 경험해서 아쉬울 정도였으니 말이다. 지금은 욕심나는 기업의 공모주 청약이 있을 때 예적금 담보대출을 활용해 더 많은 수익을 얻고 있다.

여러 종류의 대출을 할 수 있다면 그중에서 이자가 제일 낮은 걸 고르자. 예적금 담보대출은 가입한 예금 또는 적금, 주택청약저축 등에 낸 자금을 담보로 대출받는 것이다. 은행 및 저축 상품마다 다르지만, 납입한 금액에 90~100% 한도만큼 대출 금액이 나온다.

대출 기간은 담보로 잡은 예적금 만기일 안에서 자유롭게 설정할 수 있다. 가입한 금융상품 금리에 1~1.3%p 정도를 더해 대출금리가 매겨진다. 이 역시 은행마다 산정 기준이 다르므로 미리 확인하자. 마이너스통장 개설이 어려운 상황이라면 예적금 담보대출을 이용할 수 있다. 참고로 예적금 담보는 대출한도를 좌우하는 DSR(총체적 상환능력 비율)을 계산할 때, 원금이 아닌 이자 상환액만 반영해서 신용대출에 비해 신용 점수에 주는 영향이 적다.

또한 대부분 중도 상환 수수료가 없어, 만기일에 전액을 갚거나 혹은 갚고 싶을 때를 골라 상환할 수도 있다. 대출 심사도 신청 후 전화로 본인 확인만하면 바로 입금받을 수 있다. 나의 경우 대출 금리가 3.50%일 때, 1,000만 원을 이틀간 대출하니 956원의 이자가 나왔다.

보험 계약 대출은 보험사에 가입한 보험 해지 환급금 범위 안에서 일정 비율로 대출받을 수 있다. 개인 신용 점수 및 담보 유무 등에 따라 금리는 다르지만 예적금 담보대출보다 높은 편이다.

청약 대출은 증권사 계좌로 환불되는 날 바로 대출상환 하자. 아침에 환불 계좌로 환불금이 들어온다. 자칫 만기 일자에 갚지 않으면 연체 가산율을 적용하거나 자동으로 대출 기간이 연장되면서 추가 이자가 발생하기 때문이다.

21

공모주 투자 시 주의점

주의점 하나 수요예측 기간에는 기관 경쟁률을 확인 후 청약할지 말지를 1차적으로 결정한다. 개인 청약 기간 2일 차 오후 2시 넘어서도 일반 경쟁률이 너무 낮으면 청약에 넣을지 최종 고민한다. 경쟁률이 낮다는 건 그만큼 사람들이 관심을 두지 않는 기업일 가능성이 높다.

주의점 둘 만약 상대적으로 공모가가 비싸다면 한 번 더 생각해 보자. 기준은 유사 업종이나 최근에 공모 청약을 진행했던 기업 등 다양한 방면으로 비교해 보면 좋다. 종종 공모가가 다른 공모 기업에 비해 비쌌던 회사는 상장 첫날에 공모가 아래로 떨어져서 손해가 났거나 꽤 오랜 기간 보유해 겨우 익절한 기억이 있다.

상장 첫날 오전에 전량 매도하는 걸 목표로 삼자. 상장 당일은 주가 변동이 심해 객관적인 판단이 어렵기 때문에 재매수 및 추가 매수는 권하지 않는다. 정말 관심 있는 회사라면 주가가 안정될 때까지 기다리고 매수하자.

매도하기 전, 이미 주가가 공모가보다 낮게 형성하고 있다면 2가지 방법이 있다. 마음을 비우고 당일 매도해서 손실을 최소화하는 방법이다. 만약 수익을 보겠다면 해당 주가가 안정될 시기를 기다린 후, 추가 매수로 매도 시점을 잡는 방법도 있다. 아니면 아예 공모가에 올라올 때까지 방치하는 방법도 있지만 볼 때마다 속 쓰린 건 견뎌내야 한다.

증시에 상장하는 공모주라고 해서 무조건 수익을 볼 것이라는 기대는 하지 말자. 기업 분석 없이 공모주라는 이유 하나로 투자하고 피해 보는 사례가 있기 때문이다. 공모주 시장의 분위기가 좋을 때는 문제가 되지 않는다. 하지만 분위기가 좋지 않을 때도 잃지 않는 투자를 할 수 있는 방법은 평소 투자설명서를 검토하는 연습으로 옥석을 골라내는 것이다. 투자 설명서 해석만 잘해도 매번 균등만 할 게 아니라 과감하게 비례 청약까지 도전하면서 더 많은 수익을 낼 수 있다.

공모주, 무조건 수익 나나요?

공모주 역시 투자 중 하나라 100% 수익을 보장할 수는 없다. 하지만 제대로 기업 분석하는 방법을 배우고 나만의 원칙을 만들어가면 원금을 잃을 확률은 낮아진다.

공모주 상승과 하락장을 모두 경험하며 느낀 점은 스스로 기업을 분석할 줄 알아야 오래 시장에 머무를 수 있다는 사실이다. 나는 지금까지도 상장 전부터 흔히 '대어'라고 불리는 유명 기업 공모주 청약 외에도 꾸준히 청약 투자를 하고 있다. 그 이유는 투자 설명서를 보고 분석하는 감을 놓치지 않기 위함이다. 경험과 데이터가 쌓이면 위험 요소는 점점 더 줄어든다. 정말 좋다고 생각하는 기업은 과감하게 레버리지를 일으켜야 할 근거 있는 자신감도 생기게 된다. 공모주 공부와 투자를 통해 나에게 맞는 기업도 함께 찾는 소중한 시간으로 남길 바란다.

③ ETF 습관

22

주식과 펀드의 장점을 모은 ETF

처음 주식 투자를 ETF로 시작했지만, 그 당시 ETF에 투자하는 사람은 많지 않았다. 지금처럼 종류도 다양하지 않았고 투자자 사이에서 주목받는 상품 또한 아니었다. 요즘 관심이 커진 이유는 개별종목에 비해 등락 폭이 크지 않다는 것, 1주당 금액이 부담스럽지 않다는 것, 또한 투자자가 포트폴리오를 만들지 않아도 ETF 스스로 여러 자산에 분산투자 해준다는 큰 이점 때문일 것이다. 무엇보다 노후 절세 계좌인 연금저축펀드와 IRP에서는 개별종목 투자가 불가능하지만, ETF는 거래할 수 있다는 점도 빼놓을 수 없다. ETF는 이름에서 알 수 있듯 Fund(펀드)의 특징과 실시간 거래할 수 있는 주식의 장점을 고루 담아 놓았다. ETF를 배우기 전, 먼저 펀드와 주식 투자에 대해 정리해 보자.

주식 VS 펀드

주식은 투자자가 의결권과 주주총회 참여권을 얻음으로써 기업의 일원이라는 거창한 무언가보다 매매차익과 배당금으로 계좌잔고가 늘어나는 것이 더 와닿는다. 매매차익은 낮은 가격에 매수해서 높은 가격으로 매도하여 수익을 얻는 방법으로, 자산이 늘어나는 효과가 있다. 배당금은 배당을 주는 기업에 투자하면 주가 상승폭은 크지 않더라도 월, 분기, 반기, 연간 등 배당 지급일에 계좌로 현금이 들어온다. 요즘 젊은 투자자 사이에서 배당금을 또 다른 현금흐름으로 창출하는 빈도가 높아졌다.

펀드는 소액으로 투자할 수 있다. 자동이체뿐만 아니라 동전 또는 포인트 모으기 서비스도 제공하고 있어 누구나 접근하기 쉬운 시스템이다. 또한 카카오페이 증권은 카카오페이로 결제하고 남은 자투리 금액을 펀드로 자동 매수하고, 모니모(삼성증권), 키움증권, 하나증권 등 금융 애플리케이션을 통해 앱테크로 모은 포인트는 펀드나 소수점 주식에도 투자할 수 있다. 목표 수익률에 도달하면 알아서 매도 후 계좌로 원금과 수익을 입금해 주는 기능도 있다.

또한 상품 구성에 따라 종목을 다양하게 담고 있어, 상승과 하락 폭이 개별종목에 비해 크지 않다. 주식 투자처럼 실시간 대응이 어려워, 시장 분위기에 일희일비하지 않고 오랜 기간 유지할 수 있다는 장점이 있다. 이런 이유로 우여곡절이 있더라도 경제가 우상향하고 있다면 장기 보유 시 펀드 수익률이 좋을 수밖에 없다. 이 때 자동이체를 걸면 신경 쓸 일이 줄어든다.

그렇다고 모든 펀드가 수익을 안겨주지는 않으므로, 가입하기 전에 꼼꼼히 상품 설명서를 읽는 것이 중요하다. 상품 선택은 투자자가 하더라도 그 이후 펀드 운용은 전적으로 펀드매니저 역량이다. 그럼에도 어디에 어떻게 돈이 들어가고 나가는지 최소한의 관심은 가질 필요가 있다. 누군가에게 맡기는 투자라, 직접 투자하는 것보다 보수와 수수료가 비싸다. 약정 기간이 있는 펀드는 중간에 매도했을 때 수수료가 발생할 수 있으니 주의하자.

펀드는 주식 투자와 달리 계좌로 매매 내역 결과를 보기까지 일정한 시간이 필요하다. 즉, 환매 시기가 길어 현금으로 다시 찾는데 시간이 걸린다. 펀드 이름도 길고 추상적이라 어떤 기업과 자산, 그리고 시장 지수에 투자하는지 펀드 상품명만 보고 쉽게 파악하기 힘들다. 또한 어떤 상품으로 구성하고 어느 정도의 투자 비율을 두는지 알고 싶을 땐 실시간이 아닌 한 달, 또는 3개월, 6개월, 1년 등 과거 투자 자료에 의존할 수밖에 없다. 투자 내역 공개를 폐쇄적으로 하는 이유는 펀드매니저가 상품을 어떻게 운용하느냐에 따라 펀드 수익률이 달라지기 때문이다. 매일 투자 포트폴리오를 공유하면 너도나도 인기 있는 펀드 상품을 복제할 위험이 크다. 장점도 있지만 이런 불편함이 싫다면 펀드보다 주식 투자가 더 낫다. 반면 개인적인 투자 성향이나 주식시장이 열리는 시간에 직접 투자 참여가 어려운 상황이라면, 펀드 상품이 오히려 적합할 수 있다. 요즘은 주식시장도 예약 매수 시스템을 활용할 수 있어 펀드처럼 적립식으로 모으기 편하기 때문에 군이 펀드를 고집할 이유는 사라지고 있다.

펀드에는 여러 종목이 담겨 있다 보니 수익과 손해를 간접적으로 얻는다. 이런 이유로 펀드가 주식보다 안전하다고 말하지만, 절반은 맞고 절반은 틀린 얘기다. 좋은 펀드를 고르면 수익이 잘 나올 수는 있겠지만, 투자 초보자가 좋은 상품을 고르는 것은 쉽지 않다. 나 역시 처음으로 가입한 펀드는 아무런 공부 없이 당시 수익률이 좋았던 걸로 골랐다. 판매량이나 수익률 등은 과거 자료일 뿐 앞으로도 계속 유지한다는 보장이 없다는 주의 사항을 가볍게 생각했다. '설마, 지금까지 좋았는데 갑자기 변하겠어?' 하는 무조건적인 맹신과 안일한 선택은 투자에서 가장 위험하다. 펀드 역시 상품을 고를 수 있는 안목이 필요하고 무지성 투자로 가입할 때 오히려 주식보다 위험할 수 있다. 대부분 은행 직원 추천으로 펀드를 시작하는데 은행에서 가입했더라도 이 역시 투자상품의 일부라는 것을 잊지 말자.

그렇다면 주식 투자에는 어떤 특징이 있을까? 가장 대표적인 차이점은 펀드와 달리, 투자자가 직접 주식시장에서 매매하여 거래

수수료가 낮다는 점이다. 매도하고 2영업일이 되는 날 현금으로 찾을 수 있다. 또한 비슷한 업종일지라도 기업에 따라 주식 가격, 그러니까 주가에 차이가 있다. 그렇다고 비싼 주식이 좋고 저렴한 주식이 안 좋은 것은 아니다. 수많은 기업 중에 내게 맞는 기업을 찾는 것 또한 많은 공부가 필요하다. 모순적이지만 공부량과 투자 수익이 비례하지 않아 종종 좌절감에 빠지기도 한다.

신중하게 골랐던 기업이 테마주로 묶여 심한 변동성을 겪을 때도 있다. 주가 상승으로 이어지면 그나마 다행이지만 하락에 엮이면 초보자는 해당 기업에 대한 믿음이 점차 흔들린다. 투자 정보도 아주 부족하다 보니 SNS에서 정확하지 않은 정보를 얻는 경우도 심심찮게 볼 수 있다. 전문가는 조언이나 추천은 할 수 있지만, 무조건 수익을 보장하지는 않는다. 투자를 누군가에게 의지하면 스스로 판단 능력이 떨어질 수밖에 없다. 우리가 전문가까지 될 필요는 없지만, 현재 주식시장 분위기나 흐름은 어느 정도 알아둬야 한다. 재테크는 옳고 그름을 따지기보다 현재 내 상황에 맞는 것을 골라야 오랜 기간 관심을 가지면서 든든하게 자산을 굴릴 수 있다.

국내 주식 매매차익에 대해서는 비과세다. 예전에는 비과세일지라도 주식장이 좋지 않아 큰 매력이 없었다. 그러나 요즘처럼 국내 증시까지 좋으면 이 또한 투자 수익을 한층 더 끌어다 준다. 엄밀히 말해서 100% 비과세는 아니다. 매도할 때 증권거래세가 발생하기 때문이다. 수익이 나던 손해 보고 팔던, 코스피와 코스닥 시장 유형에 따라 0.15~0.2%가 붙는다. 기본 세율은 0.35%지만 자본시장 활성화를 위해 정부가 탄력 세율을 적용하고 있다. 증권거래세는 매도할 때 알아서 빠지기 때문에 투자자가 따로 신경 쓸 필요는 없다. 주식을 많이 사고팔고 하면 증권거래세로 인해 증권사만 배부르게 한다는 말도 여기서 나왔다.

좋은 기업을 선택할 수 있다면 개별 주식 매매차익으로 자산이 증가하는 속도가 빨라질 수 있다. 또한 배당금 역시 빼놓을 수 없는 주식 투자의 매력 중 하나다. 매매차익과 더불어 배당받는 주식으로 포트폴리오를 구성하면서 현금흐름을 창출한다. 개별종목은 일반 계좌와 ISA 계좌에서 투자할 수 있다. 일반 계좌는 매매차익 비과세를 위한 종목, ISA 계좌는 배당소득세와 매매차익에 세금 나오는 종목 위주로 투자하면 계좌 혜택 활용까지 잘할 수 있다. 다만 개별 주식은 직접 포트폴리오를 만들어야 해서 초보자나 투자금이 적은 투자자에게는 어렵게 느껴질 수 있다. 예를 들어 코스피 상위 200개 기업을 투자한다면 1주씩만 매수해도 몇천만 원이 필요하다. 하물며 특정 업종에 집중적으로 투자한다고 해도 어떤 기업이 있는지, 비중을 어떻게 둬야 할지 막막하다. 또한 매일 상·하한가를 차지하는 종목 역시 개별종목이 많다. 이는 변동성이 심하다는 말인데, 만약 내가 투자한 기업이 속하면 멘탈 관리도 쉽지 않다. 본업이 투자자가 아닌 이상 하루 종일 주식 애플리케이션만 보는 것은 불가능하고, 또 추천하지도 않는다.

ETF 시작하기

그렇다면 주식 초보자 또는 입문자는 어떻게 첫 투자를 시작해야 할까? 개별종목이 아닌 ETF로 해보자. ETF는 앞에서 설명했듯 펀드처럼 여러 종목과 자산 등을 담은 상품에 간접투자하는 방식이다. 개별종목보다 지수, 업종, 테마, 섹터 등 상품 구성 범위가 넓다. 예를 들어 투자 방향을 우리나라 반도체 개별 기업보다 전망에 더 가치를 둔다면 반도체 기업으로 구성한 반도체 ETF를 매수하는 것이다. ETF 특성상 최소 10개 기업에 비중을 나눠 담고 있어, 하나의 기업 주가 등락에 크게 좌지우지하지 않는다. 또한 주식과 달리 매도할 때 증권거래세도 발생하지 않는다. 국내 주식형 ETF만 매매차익에 대해 비과세다.

항목	국내 주식형 ETF	국내 기타 ETF	해외 상장 ETF
매매차익	비과세	배당소득세 15.4%	양도소득세 22%
분배금		배당소득세 15.4%	
계좌	일반 계좌	ISA, 연금저축펀드, IRP	일반 계좌
기타	-	연간 금융소득 2천만 원 초과 시, 금융소득종합과세 대상	

개별종목에서 배당이 나오는 것처럼 ETF는 분배금을 받을 수 있다. 배당금은 기업에서 발생한 이익을 주주에게 배분하는 것이다. 분배금은 투자에서 발생한 수익금을 투자자에게 나눠주는 형식이라 매번 지급액에 조금씩 차이가 발생할 수 있다. 각 자산운용사에서는 그동안 지급한 분배금, 분배율을 홈페이지에 공개하고 있다. 지급 주기는 ETF마다 다르며 요즘은 월 배당 ETF를 많이 선호한다. 배당금과 분배금은 배당소득세 15.4%를 적용한다. 연간 2천만 원을 초과하면 금융소득종합과세 대상이 될 수 있다. 절세까지 신경 쓴다면 ETF 투자 역시 일반 계좌보다 ISA 계좌, 연금저축펀드, IRP에서 투자하자. 국내 주식형 ETF는 일반 계좌에서 투자해도 된다.

국내 주식 출금 가능한 날짜는?

매도일로부터 2영업일째 되는 날 계좌로 입금받는다. 이를 'D+2'라고 하며 주말과 공휴일은 계산에서 제외한다. 즉, 금요일에 매도했다면 D+2는 월요일이 아닌 화요일에 출금할 수 있다. 증권사 매매 화면에서 예수금을 D+1, D+2로 표시한다. 매도하고 그 즉시 다른 종목에 재매수할 수 있지만, D+2일 때 자금이 부족할 경우 미수금이 생긴다. 이때 증권사에서 잔액이 부족하다는 연락이 오는데 바로 부족 금액을 입금하면 해결할 수 있다. 만약 못 채웠을 경우 보유 주식이 강제로 매도되는 반대매매를 당하므로 주의하자.

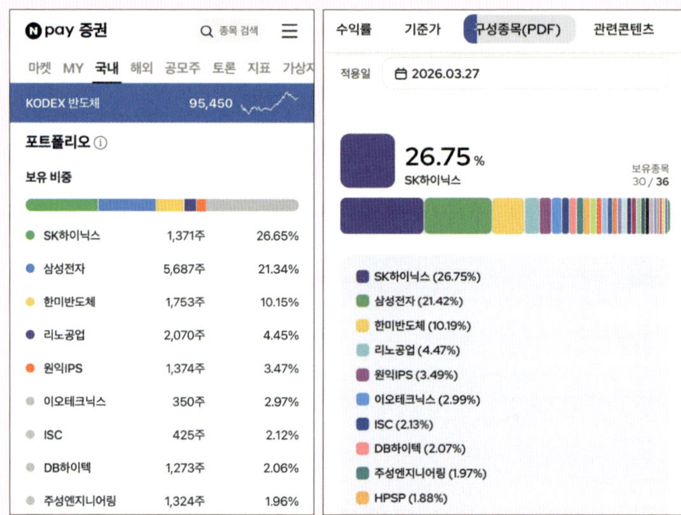

네이버페이 증권 애플리케이션 ETF 포트폴리오(왼), 자산운용사 구성종목(PDF)(오)

ETF 구성 확인하는 방법

① 자산운용사 홈페이지 > 해당 ETF 검색 > 구성 종목(PDF) 클릭
② 네이버페이 증권 홈페이지 또는 애플리케이션 > 해당 ETF 검색 > ETF 분석
클릭

ETF는 전날 또는 당일 투자 구성 종목과 비중을 볼 수 있어 투명성이 높다. 주
기적으로 투자하고 있는 ETF의 포트폴리오를 확인하는 것도 필요하다.

개별종목은 기업이 직접 사업보고서, 반기 및 분기 보고서 등 매년 의무 제출해야 하는 시
기가 있다. 투자자는 금융감독원 전자공시시스템(DART)에서 기업이 제출한 다양한 공시

문서를 무료로 실시간 열람할 수 있다. 계속 투자해도 되는 기업인지 아닌지를 판단할 수 있는 객관적인 자료로 사용한다. 전자공시시스템 애플리케이션에서 관심 있는 기업을 즐겨 찾기하고, 추후 공시가 올라오면 팝업 알람으로 빠르게 소식을 접할 수 있다. 인터넷 뉴스에서 실시간 속보로 나오는 투자와 관련된 기업 정보는 전자공시다트에 올라온 내용을 기자가 재가공해서 올리는 것이다. 지금은 직접 다트를 통해 공시 보면서 투자 방향을 고민하고 있다.

그렇다면 ETF를 구성하는 지수는 누가 관리할까? 코스피200, 코스닥150처럼 대표 지수는 한국거래소에서 매년 6월과 12월에 정기적으로 변경한다. S&P500과 나스닥은 연 4회, 다시 말해 분기마다 변경하고 있다. 지수마다 충족해야 하는 필수 조건에 부합하지 못한 기업은 편출되고, 남은 자리를 조건에 맞는 기업이 신규 편입하면서 지수 관리가 이뤄진다. 새롭게 편입하는 기업은 기대감으로 일시적인 주가 상승효과를 얻기도 한다. 반대는 실망감에 하락할 수 있다.

반도체, 은행, 2차전지, 조선 등 테마형 ETF는 각 ETF를 만들고 판매하는 자산운용사 펀드매니저가 자체적인 편입과 편출 비중을 조정한다. 투자자는 매일 공시하는 ETF 구성 종목(PDF) 또는 포트폴리오를 통해 기업 종목 및 비중을 확인하면서 앞으로 투자 방향성을 정할 수 있다.

이름만 읽어도
ETF 구조가 보인다

ETF 이름은 펀드와 달리 직관적이라 초보자도 쉽게 이름을 해석할 수 있다. '자산운용사 브랜드명+투자하는 국가, 지수, 섹터, 테마' 순서로 읽는다. 이름 옆에 붙어있는 숫자는 ETF의 경우 종목 안에 포함하고 있는 기업의 수를 의미한다. 간혹 숫자만 덩그러니 있다면 코스피 지수를 추종하는 것이다.

예시)
1번 TIGER 미국S&P500 (360750)
2번 KODEX 200 (069500)
3번 RISE 미국나스닥100 (368590)
4번 ACE 글로벌반도체TOP4 Plus (446770)

국내 ETF를 만들고 운용하는 곳은 증권사가 아닌 자산운용사다. 대표 브랜드는 KODEX(삼성자산운용), TIGER(미래에셋자산운용), RISE(KB자산운용), ACE(한국투자신탁운용) 등이 있다. 나는 처음 ETF에 투자할 때 KODEX ETF는 삼성증권, TIGER ETF는 미래에셋증권에서만 거래할 수 있는 줄 알았다. 하지만 마트, 편의점, 온라인 마켓 등에서 여러 브랜드 제품을 판매하듯, 증권사에서도 다양한 ETF를 골라 담을 수 있다는 점을 기억하자. 어느 증권사를 이용하는지는 크게 중요하지 않다. 단, 은행에서 판매하는 ISA 계좌, 퇴직연금(DC형) 또는 IRP에서는 매매할 수 있는 ETF가 제한적이니 거래하기 전에 확인하자.

운용사 이름의 경우 굳이 외울 필요는 없지만, 자주 보면 익숙해질테니 알아두기만 해도 유용할 것이다. 그럼 운용사 브랜드의 명칭, 투자하는 국가, 지수, 섹터, 테마에 대해 한번 알아보자. 1번은 미래에셋자산운용사가 만든 미국 S&P500 지수를 추종하는 ETF다. 2번은 삼성자산운용사가 만든 코스피 200개 기업에 투자하는 지수 ETF다. 3번은 KB자산운용사가 만든 나스닥 100지수를 추종하는 지수 ETF다. 4번은 운용사가 직접 기업과 지수를 조합해서 만든 섹터, 테마형 ETF다. 예시에 소개한 ETF는 글로벌 반도체 세부 섹터 4개 대표 기업에 각 20%씩 투자하여 업황 전반에 투자하고 있다.

ETF의 이름만으로는 어떤 종목에 투자하는지 명확하게 알기 힘든 상품이 있을 경우, PDF나 포트폴리오를 통해 분석할 수 있다. ETF에도 개별종목처럼 종목 코드가 있다. 앞의 예시에서 'ETF명(종목 코드)'으로 표시해두었다. 종목 코드를 검색창에 입력하면 해당 ETF를 매매할 수 있게 도와준다. 가끔 이름이 비슷한 ETF가 있으면 헷갈릴 수 있지만, 종목 코드로 확인하면 실수할 확률이 줄어든다.

같은 지수를 추종하는데 주가가 다른 이유는?

나스닥 지수에 투자하고 싶어 관련 ETF를 검색해 보면 운용사에 따라 주가 차이가 크게 나는 것을 볼 수 있다. 2025년 12월 26일 기준으로 TIGER 미국나스닥100은 1주당 164,005원, KODEX 미국나스닥100은 1주당 24,605원이다. 1년 수익률은 18.95~18.97%로 거의 차이 나지 않는다. 다른 점은 상장일이다. TIGER ETF는 2010년, KODEX ETF는 2021년에 출시했다. ETF는 새로 상장하면 1주에 10,000원으로 시작한다. 즉, 11년 동안 나스닥이 우여곡절이 많았지만 그만큼 올랐다는 뜻으로 해석해 볼 수 있다.

해외 지수나 원자재 지수 등을 추종하는 ETF 이름에 (H)가 붙은 걸 본 적 있을 것이다. 예를 들면 TIGER 미국나스닥100(H), KODEX 골드선물(H), ACE 미국30년국채액티브(H) 등이다. 'H'는 환헤지(Hedge)로, 환율 변동 위험을 없앤다는 것을 뜻하며 환헷지라고도 부른다. (H)가 없는 것은 환율 변동 위험을 포함하는 환노출이다. 해외 자산에 투자하면 환율 변화로 인해 수익에 영향을 줄 수밖에 없다. 미국 주식 투자하면 환율 움직임에 따라 환차익, 환차손으로 추가 이익 또는 손해를 얻는 방법과 동일하다.

(H)가 붙는 ETF는 환율 변동 없이 오롯이 기초자산 가격 변화에만 연동한다. 환율이 하락할 때 (H) ETF는 방어 효과가 생기지만 상승할 때 환율 수익은 추가로 얻기 어렵다. 예를 들면, TIGER 미국S&P500(360750)과 TIGER 미국S&P500선물(H)(143850) 수익률을 비교해 보자. 달러 환율 제거 여부에 따라 수익률은 10% 이상 차이가 났다. 달러 가격이 계속 상승하던 시기에 환헤지 ETF는 S&P500 상승률만 얻을 수밖에 없었다. 분명 수익은 났지만 씁쓸함이 공존했을 것이다.

종목명	TIGER 미국S&P500	TIGER 미국S&P500선물(H)
1년 수익률	19.35%	9.34%
총보수	0.01%	0.30%

(25년 12월 기준)

심지어 (H) ETF는 환헤지 기능이 추가로 붙어 운용 보수마저 비싸다. 장기간 보유하면 수익률마저 깎아 먹는다. 달러 하락기에 기초자산을 보호할 수 있지만 달러 상승기 때는 여러 방면에서 손해 보는 구조다. 달러가 1,100원에서 1,200원 소폭으로 움직일 때는 (H) ETF 수요도 많았다. 하지만 최근 달러 환율이 1,400원으로 자리 잡는 분위기일 때 환노출 선택은 오히려 수익 측면에서 더 유리한 쪽으로 바뀌었다.

경제 상황은 끊임없이 변하므로 환헤지와 환노출 선택에 정답은 없다. 다만, 앞으로도 미국 시장 성장 가능성을 긍정적인 관점에서 본다면 환노출형을 고르는 게 낫다. 언젠가 달러 약세로 이어지는 분위기로 변한다면 다시 환헤지에 관심 가져도 좋다.

24

ETF는
진짜 비용을 봐야 한다

ETF를 장기 보유하겠다는 목표가 있다면 ETF에서 발생하는 '보수'에 신경 쓰자. 왜냐하면 개별 주식과 달리 ETF는 갖고만 있어도 비용이 지속적으로 발생하기 때문이다. 대부분 ETF는 총보수만 알려졌지만, 그 외 비용도 비중이 꽤 크다. ETF에서 발생하는 비용은 '총보수+기타비용+매매 중개수수료'로 구성하고 있다. 이렇게 투자자가 실제 지출하는 모든 비용을 '실부담비용(TER)'이라고 부른다. 총보수가 낮아도 그 외 비용이 높다면 결과적으로 투자자가 더 큰 비용을 부담하는 구조다. 예를 들어 운용사에 따라 미국 S&P500 지수를 추종하는 ETF 비용이 제각각이다. A 운용사는 총보수가 0.0068%, B 운용사는 0.0062%로 B 운용사 수수료가 더 저렴하다고 생각할 수 있다. 하지만 기타비용에서 A 운용사는 0.08%, B 운용사는 0.0826%로 둘을 더하면 A 운용사는 0.0868%, B 운용사는 0.0888%가 된다. 즉, 업계 최저 수수료라고 홍보하던 B 운용사가 알고 보니 A 운용사보다 0.002% 더 비싸진다. 같은 지수를 추종하는 ETF지만 어떤 브랜드로 투자했느냐에 따라 비용이 몇 배 이상 차이가 난다.

또한 출시 1년 미만인 ETF는 초기 자산 매입으로 인해 매매중개수수료율이 기존 ETF에 비해 과하게 발생할 수 있다. 새로운 ETF가 상장하면 운용사에서 다양한 매매 이벤트를 진행한다. 처음에는 이벤트 참여용으로만 투자하고 해당 ETF가 안정적으로 운용될 때 다시 매매하는 방법도 고려해 보자. 대략 1년 정도 걸린다.

운용 보수는 1년 기준 비율로 공시하지만 매일 부과하는 수수료로 알아둬야 한다. 예를 들어 1년 총보수율이 0.15%일 때 365일로 나누면 하루에 빠져나가는 수수료를 알 수 있다. 계산해 보면 0.15/365=0.00041%가 하루 총보수율인 셈이다. 수수료는 이미 ETF 가격에 반영한 상태라 투자자가 신경 쓸 것은 크게 없다.

1억 TIP

투자하려는 ETF 미리 알기

> 금융투자협회 전자공시서비스(https://dis.kofia.or.kr/) > 펀드 공시 > 펀드 보수 및 비용 > 펀드별 보수비용비교

자산운용사에서 설명하는 **ETF**는 총보수만 소개하는 경우가 많다. 위 링크에서 투자하고 있거나 투자 예정인 **ETF** 실부담비용을 검색해 보자.

25

지수형 VS 테마형, 무엇이 다를까

ETF 상품을 구경하다 보면 유독 지수형보다 테마형 보수가 비싼 것을 확인할 수 있다. 지수형은 구조가 단순해 0.005~0.15%로 보수가 저렴하다. 심지어 자산운용사마다 투자자의 선택을 받기 위해 같은 지수를 추종하는 ETF 보수는 출혈 경쟁까지 하고 있다. 반면 테마형은 펀드 상품처럼 종목 선별 작업, 리밸런싱 등 복잡한 구조로 자산운용사가 신경 써야 할 것이 많아 0.35~0.5%로 전반적인 보수가 높다.

그렇다고 단순히 보수만 보고 투자를 정하는 것은 바람직하지 않다. ETF마다 특징을 비교해 보자. 지수형은 안정적인 분산투자로, 장기간 모으기엔 좋지만 기대수익률은 높지 않다. 운용사마다 수익률이 거의 비슷하기에 보수가 낮은 쪽을 고르는 게 낫다. 테마형은 현재 주식시장 트렌드에 따라 변동성이 심한 리스크가 존재한다. 2차전지, 메타버스 테마 등으로 꽤 오랜 기간 마음고생한 경우가 비일비재하다. 그럼에도 테마형 ETF를 포기할 수 없다면 선정할 때 단기 유행에 휩쓸리지 않아야 한다. 꾸준히 공부하여 미래에도 가치가 있을 테마를 고르는 것이 중요하다.

각자 투자 성향이 다르므로 남들 따라 투자하기보다 내 마음 편한 투자가 최고다. 지수형과 테마형 중에서 본인이 어떤 ETF가 잘 맞는지 궁금하다면 1주 정도 관심 ETF로 매수하고 운용해 보자.

ETF도 상장폐지가 될 수 있다

ETF도 역할을 제대로 하지 못하면 상장폐지 당한다. 여러 기준이 있지만 투자자가 ETF를 고를 때 조금만 신경 쓴다면 충분히 피할 수 있다. 먼저 ETF 상장 규모와 거래량을 확인하는 것이다. 신탁 원본액(자본금)과 순자산 총액이 50억 원 미만이면 관리 종목으로 지정한다. 다음 반기 말에도 같은 사유일 때 상장폐지 절차를 밟는다. 또한 ETF 1좌당 순자산가치 일간변동률과 ETF 기초 지수 일간변동률 상관계수가 0.9 미만으로 3개월 지속될 때도 상장폐지로 이어진다.

어려운 용어가 많다고 느낄 수 있지만 만일 상장폐지가 확정되면 해당 자산운용사 홈페이지에서 상장폐지 이유와 시점을 공시한다. 해당 ETF에 투자하고 있다면 문자나 메신저로 안내받는다. 투자자는 상장폐지 시점 전 영업일까지 매도할 수 있다. 이때는 매수자가 없어 생각했던 가격보다 더 낮은 가격으로 매도 정리할 수밖에 없다. 매도하지 않았다면 ETF 상장폐지일 기준으로 ETF 순자산가치에서 보수 등을 차감한 금액이 거래하고 있는 주식 계좌로 들어온다. 상장폐지 당하면 아예 사라지는 개별종목 투자와 다른 점이라고 할 수 있다.

1차적으로 거래량이 많은 ETF를 고르면 상장폐지 위험을 피할 수 있다. 테마형 ETF는 해당 테마에 대한 트렌드가 시들해져 투자자 관심 속에 사라질 때 거래량이 급격하게 낮아진다. 이때 상장폐지 후보가 될 수 있다. 매번은 아니더라도 종종 현황만 체크해도 ETF를 운용하면서 불안을 줄일 수 있다.

S&P500과 나스닥100의 차이점을 알자

S&P500과 나스닥100 지수를 구성하는 포트폴리오에 겹치는 기업이 꽤 많다. 대표적으로 엔비디아, 애플, 아마존, 마이크로소프트 등 기술주와 성장주로 부르는 기업이다. S&P500은 이름에서 알 수 있듯 S&P(스탠다드 앤드 푸어스) 신용평가 회사에서 500개 대형 기업을 지수로 만든 것이다. 500개 기업 중에서 상위 100개 비금융기업으로 기술 및 성장주를 골라 지수로 만드는 것이 나스닥100이다. 이렇게 S&P500 지수와 겹치는 회사가 많다 보니 특징도 비슷하다고 생각할 수 있다. 하지만 성장 기업이 대다수인 나스닥100 지수 변동성이 대형주 중심으로 구성하고 있는 S&P500보다 더 크다. 미국 시장의 성장에 투자하고 싶으면 S&P500 지수, 변동성은 상대적으로 크지만 기술·테크 기업 성장 가능성에 투자하고 싶다면 나스닥100 지수를 고르자.

26

테마형 ETF는
이렇게 고르자

지수형 ETF는 오르고 내리는 폭이 크지 않고 잔잔하게 흘러가는 느낌이라 흔히 지루한 투자로 여긴다. 투자 성향에 따라 변동성 있고 적극적인 투자를 원한다면 테마형 ETF도 고려해 보자. 요즘은 검색 기능이 좋아져 포털사이트에 관심 있는 테마와 ETF를 입력하면 현재 상장한 ETF에 대해 모두 볼 수 있다. 단, 무턱대고 검색하면 비슷한 이름이 많아, 어떤 ETF로 골라야 할지 난감하다.

예를 들면 '반도체 ETF'를 검색할 때 KODEX반도체, TIGER미국필라델피아AI반도체나스닥, TIGER반도체TOP10, TIGER 미국필라델피아반도체나스닥, HANAROFn-K반도체 등 6페이지에 걸쳐 관련 종목이 나온다. 갑자기 정보가 많아지면 초보자 관점에서 부담을 느끼는데 그렇다고 아무거나 고르지 말자. 적금 상품만 봐도 금리, 기간, 납입 금액 등 특징이 다 다르다. ETF도 마찬가지다. 그나마 지수형 ETF는 추종하는 동일한 지수가 많아 운용사, 보수, 거래량, 주가만 비교해도 충분하다. 하지만 테마형 ETF는 추종 지수마저 조금씩 달라 똑같은 상품이 단 하나도 없다. 그래서 테마형 ETF에 투자할 때 ETF 종류부터 검색하면 혼란스러울 수 있다.

해당 테마를 대표하는 기업 3가지 정도 알고 있으면 나에게 맞는 ETF 종목을 찾기 편하다. 조금이라도 관련 테마 공부가 필요하다는 말이다. 투자할 ETF에서 비중이 높았으면 하는 기업을 순서대로 배열해 보자. 예를 들어 반도체 ETF에서 1위 SK하이닉스, 2위 삼성전자, 3위 한미반도체로 정했다. 포트폴리오 안에서 3개 기업 비중이 비슷하면 좋겠다고 가정하자. 이후 반도체 ETF 포트폴리오를 하나씩 살펴보면서 원하는 기업 순으로 투자하는 ETF 종목만 남겨둔다. 그다음에는 보수, 거래량, 주식 가격 등 성향에 맞게 고르면 투자하고 싶은 기업만 담은 ETF를 선택할 수 있다.

반도체 ETF 포트폴리오 예시

종목	KODEX 반도체 (091160)	총보수	0.45%
보유비중	1위 SK하이닉스 (26.89%)	기초지수	KRX 반도체
	2위 삼성전자 (20.91%)	거래량	1,168,111
	3위 한미반도체 (7.21%)	배당수익률	연 0.72%
주식가격	57,600원	배당기준율	4월 (1주당 배당금:416원)

종목	TIGER 반도체TOP10 (396500)	총보수	0.45%
보유비중	1위 SK하이닉스 (30.71%)	기초지수	FnGuide 반도체TOP10지수
	2위 삼성전자 (24.65%)	거래량	1,072,788
	3위 한미반도체 (12.25%)	배당수익률	연 0.4%
주식가격	18,610원	배당기준율	4월, 10월 (1주당 배당금:75원)

종목	HANARO Fn-K반도체 (395270)	총보수	0.45%
보유비중	1위 SK하이닉스 (25.86%)	기초지수	FnGuide K-반도체지수
	2위 삼성전자 (22.69%)	거래량	1,072,788
	3위 삼성전기 (18.37%)	배당수익률	연 0.74%
주식가격	19,790원	배당기준율	1월, 4월, 7월 (1주당 배당금:105원)

*해당 지표는 매일 조금씩 변동한다

앞으로 무작정 거래량이 많거나 주가가 저렴한 ETF를 고르기보다, 어떤 기업으로 ETF를 구성하고 있는지 정리하는 연습을 거치면 테마형 ETF를 공부하는 재미가 쏠쏠할 것이다.

더 나아가, 해당 공부법을 반대로도 활용할 수도 있다. 개별종목으로 테마주에 투자하고 싶다면 어떤 기업이 있는지 사전 조사가 필요하다. 이때 무턱대고 남들이 추천하는 종목에 아무런 의심 없이 투자하지 말자. 이미 상장된 테마형 ETF는 자산운용사가 심사숙고해서 포트폴리오를 만들었고, 투자자가 직접 거래하며 보증을 거친 상품이다. ETF PDF를 보며 기업 종목을 정리할 수 있다. 가령 '배당주'에 투자하고 싶으면 포털사이트에서 배당주 ETF를 검색하자. 여러 배당주 ETF 중 거래량 많은 2~3개 포트폴리오에서 겹치는 종목을 고른다. ETF는 매일 종목 비중을 업데이트하므로 주기적으로 관찰하면서 첫 단추를 끼워 보는 것도 좋다.

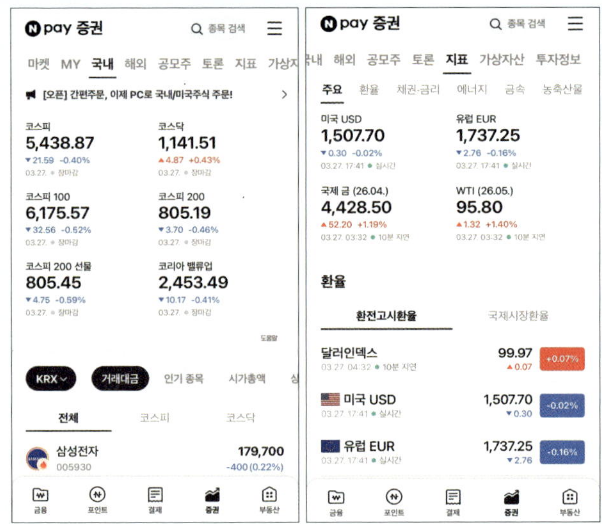

네이버페이 증권 화면 예시(스마트폰)

초보자가 투자 공부하기 편한 사이트로 '네이버페이 증권'을 추천한다. PC와 네이버 애플리케이션에서 모두 볼 수 있어 접근성이 뛰어나다. 아직은 국내 주식시장 중점으로 깔끔하게 자료를 볼 수 있지만 앞으로 해외 주식시장 정보도 다양해질 것으로 기대한다. 개별종목과 ETF를 한눈에 볼 수 있고 장중에는 실시간으로 주가 움직임도 확인할 수 있다. 관심 있는 종목 또는 최근 조회 종목을 설정하면 한눈에 보기 좋다. 그밖에도 지수형 ETF에 투자할 때 자주 눈에 익혀두면 좋을 시장 지표와 경제 기사면을 활용하기도 좋으니 참고하자.

27

리츠 & 인프라 ETF란?

어렸을 때 1층 스타벅스가 입점한 역세권 건물주 꿈을 잠깐 가진 적이 있다. 하지만 건물 가격 올라가는 속도가 자산 모으는 속도보다 현저히 빨라서 따라잡기란 쉽지 않았다. 또한 코로나 기간 동안 공실로 방치된 건물들이 많이 생기면서 건물 매수에 대한 목표는 눈 녹듯 사라졌다. 그 당시에는 매달 따박따박 들어오는 월세 현금흐름이 부러웠다. 요즘은 월 배당 투자를 통해 주식에서도 매달 돈 들어오는 방법을 비슷하게 흉내 낼 수 있다. 원화는 물론 심지어 해외 월 배당 투자를 통해 외국 통화(달러, 엔화 등)로 받을 수 있다. 하지만 이와 별개로 주식에서 부동산 투자가 가능한지 궁금했다. 결론부터 말하면 투자할 수 있다. 부동산 또는 인프라 관련 기업 주식이나 ETF를 이용하여 매매차익을 얻고 배당 또는 분배금을 받는 방식이다.

주식시장에서 '리츠(REIT's)라는 이름으로 상장한 주식은 부동산 및 인프라 투자와 연관 있다. 국내 리츠는 해당 건물에 입점한 회사로부터 받은 임대료 수익의 90% 이상을 투자자에게 나눠줘야 하는 규정이 있다. 즉, 부동산 간접 투자 형태라고 생각하자. 리츠 회사 주식에 투자하면 투자자가 별도로 관리하지 않아도 매달 또는 정해진 날짜에 임대료를 배당금이나 분배금으로 받는다. 주가가 오르면 건물의 시세차익을 얻는 것처럼 주식 매도를 통해 매매차익도 생긴다. 무엇보다 가장 큰 장점은 실물 부동산 투자에서 발생하는 여러 문제를 직접 겪지 않아도 된다. 개별 주식 매매하듯 리츠 주식에 투자하면 끝이다.

단, 리츠도 주식이라 시장 흐름에 따라 주가 변동이 있다. 특히 금리에 민감하다. 기준금리가 오르면 리츠 주가는 하락한다. 부동산 투자처럼 금리가 높으면 대출금리도 상승, 공실률이 증가하고 수익성 악화로 이어진다. 또한 금리가 높을 때는 투자자 관점에서 위험성이 높은 투자보다 안전한 고금리 저축으로 자금이 몰리는 이유도 무시할 수 없다. 반대로 금리 하락기는 대출금리가 낮아질 가능성이 높다. 또한 리츠 조달 비용이 감소하면 오히려 수익성 개선 움직임이 나타나면서, 자연스레 주가 상승 기대감이 커질 수밖에 없다. 금리와 리츠 주가는 반대로 움직이는 일이 비일비재하다.

대부분 건물주는 대출금리가 올라 공실이 생겨도 월세를 인하하지 않는다. 이런 이유에서 리츠 투자자가 받을 수 있는 배당금은 차이가 크지 않다. 주가는 하락했고 배당금은 비슷하니 배당률은 높아진다. 앞으로 금리 인하 분위기로 흘러가면 저금리 저축보다 높은 배당을 받을 수 있는 리츠 수요가 늘면서 추가 주가 상승도 기대할 수 있다. 리츠는 노후를 앞둔 투자자에게 인기가 많은 투자상품이었지만 요즘은 현금흐름을 만들기 위해 연령에 상관없이 관심이 커졌다. 또한 국내뿐만 아니라 해외에서도 리츠 투자는 활발하게 이뤄지고 있어, 외화벌이도 누구나 할 수 있다.

국내에 상장한 리츠 종류는 현재 총 25개가 있다. 처음 리츠에 투자한다면 상품마다 어떤 자산에 투자하는지 투자 설명서를 확인하는 것이 중요하다. 투자 자산 포트폴리오는 한국리츠협회(www.kareit.or.kr)에서 확인할 수 있다. 이 중 시가총액 순으로 2가지 리츠 포트폴리오를 정리해 봤다.

리츠 포트폴리오 예시 (25년 11월 기준)

리츠 종목	투자 자산	배당 결산 주기	최근 1년간 배당금
SK리츠	-서울 및 경기도에 있는 SK주식회사, SK하이닉스 오피스 등 -전국 111개 SK주유소 등	3개월마다 한 번 (3월, 6월, 9월, 12월)	1주당 66~70원
롯데리츠	-롯데백화점, 마트, 아울렛, 호텔 등 실물 자산 98% 투자	6개월마다 한 번 (6월, 12월)	1주당 95~112원

개별 리츠 종목에 투자하는 방법 외에도 여러 리츠를 뭉쳐 만든 리츠&부동산 ETF도 있다. 이 역시 주기적으로 분배금을 받을 수 있어 현금 흐름 만들기에 좋다. 개별 리츠 종목으로만 투자할 때 투자자가 리츠 기초자산인 오피스, 물류, 리테일, 인프라 등 골고루 찾아보며 포트폴리오를 직접 구성해야 한다. 반면 리츠&부동산 ETF에 투자하면 약간의 운용 보수가 발생하지만, 전문가에 의한 포트폴리오 구성과 안정적인 분배금을 받을 수 있다.

리츠는 주가 등락에 따른 매매차익보다 정기적으로 들어오는 배당 또는 분배금을 받는 것에 장기적인 목표를 두는 것이 좋다. 그러므로 배당소득세를 아낄 수 있는 절세 계좌인 ISA, 연금저축펀드, IRP에서 꾸준히 모으는 것을 추천한다. 개별 리츠 종목은 다른 종목과 달리 연금 계좌에서 매매할 수 있다. 정부에서 부동산 관련 투자는 안전 자산으로 보는 모양이다. 우리도 이제 건물주가 될 수 있다.

28

파킹통장 대신
금리형 ETF 활용하기

처음 금리형 상장 지수 ETF의 주가 그래프를 봤을 때 시스템 오류인 줄 알았다. 이렇게 매일 가격이 오르는 주식이 실존하다니! 기쁜 마음을 잠시 접고 천천히 금리형 상장 지수 ETF 구성을 봤더니 지금까지 소개한 ETF와 활용하는 방법이 달랐다. 투자자 사이에서 금리형 또는 파킹형 ETF로 불리는 이 ETF에 대해 알아보자.

앞선 파트에서 설명했듯, 비상금은 CMA 계좌나 파킹통장에 잠시 놔두며 소소한 이자도 함께 받을 수 있다. 이와 비슷하게 주식에 투자하기 위한 대기 자금, 예수금이 있다면 금리형 ETF를 매수해 주식 계좌 안에서 수익을 얻는 용도로 활용할 수 있다. 일반 주식 계좌도 예탁금 이용료 명분으로 예치 금액에 따라 연 1% 정도 이자가 나오지만, 낮은 금리가 아쉽다. 그렇다고 은행 파킹통장을 사용하기엔 우대 금리를 받을 수 있는 예치 한도가 낮아 불편하다.

또 다른 증권 상품 중에서 현금화가 빠른 RP나 발행어음도 있다. 장점은 예치한 자금 중에서 필요 금액만 매도하고 남은 돈은 계속 수익을 얻을 수 있다는 점이지만, 필요할 때마다 매매해야 한다는 단점이 있다. 최대 예치할 수 있는 기간이 1년이라 약정형일 경우, 만기 때 다시 재매수를 해야 하는 번거로움도 있다. 단, 수시형은 만기일이 지나면 현재 수익률로 자동 재매수 기능을 제공한다. 최근에는 휴일에도 이자를 받을 수 있는 서비스가 나왔다. 증권사에서 휴일 전 영업일 저녁, 주식 계좌에 있는 예수금을 RP 상품으로 자동 매수해 준다. 휴일 지나고 그 주 첫 거래일, 장이 시작하기 전에 소소한 이자와 함께 다시 주식 계좌로 예수금이 들어오는 방식이다. 금리도 CMA 계좌와 비슷해서 개인적으로도 자주 이용하고 있다.

금리형 ETF는 RP 및 발행어음과 달리, 1주 단위로 매매 금액이 정해져 있다. 매도했을 때 실제 계좌로 돈이 들어오는 날은 주식과 동일한 매도 후 2일이다. 이때 주말, 공휴일은 제외라 당장 현금이 필요하면 불리하다. 반면 주식 투자만을 위한 자금 활용이라면 주식 매매하듯 계좌 안에서 매도한 금액만큼 다른 종목에 바로 투자할 수 있다. 즉, 지금 당장 투자할 상품은 딱히 없지만 계좌에 방치하기 아까운 투자금을 불릴 용도로 사용하는 걸 추천한다. 매번 RP, 발행어음, 파킹통장으로 왔다 갔다 할 수고로움을 덜어준다.

금리형 ETF의 1년 수익률을 보면 파킹통장 금리와 비슷하게 움직인다. 종류는 CD금리, KOFR금리, 머니마켓 ETF 등으로 분배금 주는 월 배당 ETF가 있고, 분배금 없는 대신 수익률이 조금 높은 ETF도 있다. 개인의 취향에 맞게 골라보자.

KODEX CD금리액티브(합성) (종목코드 : 459580)
KODEX 머니마켓액티브 (종목코드 : 488770)
TIGER CD금리투자KIS(합성) (종목코드 : 357880)

다만, 금리형 ETF는 국내 기타 ETF로 분류하고 있어 배당 및 매매차익이 발생하면 배당소득세 15.4%를 부과한다. 절세를 위해 일반 계좌가 아닌 연금 계좌에서 이용하는 게 유리하다. 일반 주식 계좌에서 RP와 발행어음 상품으로 대체할 수 있지만, 연금 계좌는 취급하는 상품이 제한적이기 때문이다. 또한 RP는 IRP 계좌에서만 가입할 수 있지만 발행어음은 연금저축펀드, IRP 계좌 모두 가입할 수 없다. 반면 금리형 ETF는 연금저축펀드와 IRP 계좌에서 100% 투자할 수 있는 안전 자산이므로, 파킹통장 활용하듯 대기성 자금도 수익을 얻어 보자.

금리형 ETF는 매일 주가가 오르는 대신 상승폭이 크지 않다.

+0.01% 또는 +0.02%씩 오른다. 예를 들어 A 금리형 ETF가 1주에 104,100원일 때 25원이 오르고, B 금리형 ETF는 1주에 1,075,240원일 때 80원이 오르는 것처럼 ETF 종류마다 하루에 오르는 폭이 다르다. 또한 매일 오르는 수치도 일정하지 않다. 예를 들어 어제 80원이 올랐던 B 금리형 ETF가 오늘은 70원만 오르는 날도 있다는 뜻이다. CMA 계좌 이자도 매일 몇 원씩 들쭉날쭉 차이 나는 것과 비슷하다.

만약 기준금리가 내려가면 주가도 내려갈까? 그렇지 않다. 예적금 금리나 입출금 계좌도 기준금리 움직임에 따라 받을 수 있는 이자 금액이 늘거나 줄어들되, 마이너스로 바뀌지 않는 원리와 비슷하다. 만약 우리나라 기준금리가 마이너스로 내려간다면 주가 하락도 고려해야 하지만, 가능성이 작아 벌써 고민할 이유는 없다.

1주당 5만 원에서 100만 원 사이로 금리형 ETF 종류에 따라 금액이 천차만별이다. 먼저 투자할 수 있는 자산 규모에 맞게 선택하자. 그럼에도 어떤 금리형 ETF를 골라야 할지 막막하다면 비슷한 ETF 2~3개를 선택해 한 달 정도 거래하면서, 나에게 맞는 상품을 골라봐도 좋다. 단, 금리형 ETF도 운용 보수가 있어 매수하고 나서 하루 이틀은 계좌에 마이너스로 찍힌다. 3일 이후에야 수익으로 전환되면서 파킹통장 역할로 활용할 수 있다. 매수하자마자 손해 봤다며 곧바로 매도하는 일은 없도록 하자.

29

IRP 계좌의 숨은 카드, 채권 혼합 ETF

채권에 투자하는 ETF 중 절세 계좌, 특히 IRP 계좌에 활용하기 좋은 상품을 소개한다. 바로 주식과 채권을 혼합한 '채권 혼합 ETF'다. 미국S&P500채권혼합, 미국나스닥100미국채혼합, 미국배당퀄리티채권혼합50 등 상품 이름만 봐도 해외 시장 지수를 추종하는 주식과 채권이 함께 들어 있다는 걸 알 수 있다. 예를 들어 미국배당퀄리티채권혼합50 ETF는 미국배당퀄리티 주식 50%와 국내 단기채권 50%에 혼합하여 투자한다.

시장 지수를 추종하는 ETF 말고도 기업 주식과 채권을 혼합한 테슬라채권혼합, 엔비디아채권혼합, 삼성전자채권혼합, 고배당주채권혼합 등도 시장에 존재한다. 이들은 주식과 채권 둘 다 포함하고 있어 온전하게 채권에 투자하는 것과 달리, 주식시장의 영향에 따라 주가 움직임이 반영된다. 다만, 채권 비중 때문에 개별지수나 기업 주가 상승, 하락 폭과 똑같이 움직이지는 않는다.

　채권 혼합 ETF는 안전 자산으로 분류하고 있어, 현재 퇴직연금(DC형)과 IRP에서 100% 투자할 수 있다. 즉, 주식 비중을 100% 채우지 못하는 계좌에서 합법적으로 주식을 늘릴 수 있다는 말이다. 예를 들어 IRP 계좌에 위험 자산인 미국 S&P500 ETF를 70% 넣고 나머지 30%에 안전 자산인 미국 S&P500채권혼합 ETF로 구성한다. 그러면 IRP 계좌에서 약 85%를 미국 S&P500에 투자하는 것과 같은 원리로 포트폴리오를 만들 수 있다. 만약 주식시장이 좋지 않으면 채권 수요가 늘어나면서 채권 가격은 오히려 비싸지기 때문에 채권 혼합 ETF로 주가 하락 방어 효과까지 얻을 수 있다.

채권 혼합 ETF 종류 (거래량 순)

TIGER 테슬라채권혼합Fn (종목코드 : 447770)
KODEX 삼성전자채권혼합 (종목코드 : 448330)
ACE 미국S&P500채권혼합 (종목코드 : 438080)

　안전 자산 30% 기준을 지켜야 하는 퇴직연금(DC형)과 IRP 계좌에 진짜 안전한 예금과 채권 상품만으로 포트폴리오를 구성하는 것은 장기적인 투자 기간을 놓고 봤을 때 아쉬울 수 있다. 그러나 지금 소개한 채권 혼합 ETF로 대체하면 안전 자산 비중을 채우면서 수익률까지 더 올릴 수 있다. IRP 계좌에 어떤 안전 자산으로 구성해야 할지 막막했다면 투자 한도 100% 가능한 상품 중 채권 혼합 ETF에 관심을 가질 때다. 장기 투자가 장점인 연금 계좌에 진짜 안전 자산을 넣겠다며 금리가 낮은 예금 가입은 피하자.

1억 TIP

적립식 매수로 확실하게 자산 모으기

꾸준히 모아가고 싶은 주식이 있다면 적립식 매수 서비스를 활용하자. 증권사 애플리케이션에서 '적립식'으로 검색하면 주식 모으기를 신청할 수 있다. 증권사에 따라 일반 계좌는 국내, 해외에 상장한 개별 주식과 ETF까지 가능하다. 매일, 매주, 매월 기간 선택과 종목 검색을 통해 다양하게 포트폴리오를 구성할 수 있다.

종목당 모을 금액을 정하면 그 금액에 맞춰 자동 매수한다. 예를 들어 A주식이 1주에 1만 원일 때 매일 4만 원씩 매수를 신청하면 4주를 매수해 준다. 만약 주가가 올라 1주당 15,000원이면 3주만 매수, 반대로 8,000원으로 떨어지면 5주까지 매수하는 방법이다. 매수 시간은 오전, 오후를 선택할 수 있는 증권사가 있지만, 별도 시간을 명시하지 않는 증권사도 있다. 계좌에 잔고가 없으면 당일 장이 끝나고 자동 매수하지 못한 종목을 알려준다. 월요일 또는 금요일에 1주일간 자동 매수할 수 있게 잔고 확인만 해두자.

한 가지 방법은 계좌 잔액을 금요일에 RP로 넣고 월요일 아침에 투자할 만큼 빼서 다시 계좌로 넣으면 주말 이자도 소소하게 받을 수 있다. 시장이 좋지 않은 날, 적립식 매수로 투자하고 있는 주식이 크게 하락했다면 직접 추가 매수로 수량을 늘릴 수 있다. 이제는 매일 HTS에 로그인하지 않아도 주식에 투자할 수 있는 세상이다. 매수 신청은 장이 끝난 이후에도 할 수 있다. 더 이상 시간 없다는 이유로 투자 못 한다는 말은 하지 말자.

30

또 다른 현금흐름,
배당금

요즘은 매매차익뿐만 아니라 주기적으로 들어오는 배당금에 대한 관심도 커졌다. 배당주에 꾸준히 투자해서 한 달을 배당금으로만 생활하는 게 목표 중 하나다.

배당이란, 보유한 주식 지분에다 주식을 가지고 있는 투자자에게 기업 이윤을 분배하는 것이다. 다만 기업은 이익이 났다고 무조건 배당을 줄 의무는 없다. 배당 대신 회사 성장에 재투자하는 일은 국내뿐만 아니라 해외에서도 비일비재하기 때문이다.

최근 들어 국내에서는 분기 배당도 늘어나는 추세다. 하지만 여전히 1년에 한 번, 연말에 보유한 주식 수를 기준으로 배당을 지급하는 기업들이 많다. 12월 중순부터 1주당 배당금을 정해 미리 발표하기도 한다. 이때 배당 금액이 꽤 괜찮으면 공시 후 기업 주가가 급등하는 경우도 있다.

배당은 배당기준일에 주주가 보유한 주식 수를 기준으로 계산하여 현금이나 주식으로 지급한다. 회사마다 지급 종류는 다르다. 투자 초보시절에는 배당받을 수 있는 기준이 있다는 것도 몰랐다. 1월부터 쭉 보유하고 있던 종목이 12월부터 주가가 계속 올랐다. 정해 놓은 수익률에 도달해 습관적으로 매도 버튼을 눌렀고, 기분 좋게 판 줄 알았지만 배당금은 받지 못했다. 그나마 1주당 배당금보다 수익이 더 많아서 위안 삼았던 적이 있다. 지금은 찬 바람이 불기 시작하는 11월에서 12월 초쯤부터 주가가 떨어질 때마다 분할 매수하면서 배당금 받을 준비를 하고 있다. 12월 말일이 가까워질수록 마음이 조급하기도 하고 이미 주가가 올라간 기업이 많아 섣부르게 매수하기 힘들 수 있다.

 쉽게 비유하면 줄곧 자리에 있었더라도 출석할 때 없으면 결석이지만, 반대로 출석할 때 자리에만 있다면 출석으로 인정하는 것처럼 말이다. 배당기준일은 12월 30일이며, 12월 31일은 국내 주식시장 휴장일이다. 30일이 주말이라면 기준일은 28일 또는 29일로 달라진다. 포털사이트에서 '올해(또는 년도 입력) 배당기준일'을 검색해 꼼꼼히 확인해두자.

배당기준일이 왜 중요하냐면 국내 주식은 매수하는 날 바로 주식이 들어오지 않고 주말, 공휴일을 제외한 영업일 기준으로 3일이 걸리기 때문이다. 배당금을 받고 싶다면 늦어도 배당기준일 2일 전까지 주식을 보유해야 한다. 배당기준일 이후에 아무리 많은 주식을 보유한다 해도 당해 배당금은 받을 수 없다.

배당기준일 바로 전날은 '배당락일'이라고 부른다. 즉, 이날 매수하더라도 이미 시간이 지났기 때문에 배당받을 권리가 없는 날이다. 배당락일은 전날보다 주가가 내려간다. 왜냐하면 전체 배당으로 나갈 현금이 배당 전에 기업 시가총액에서 미리 빠져나간 것으로 가정하기 때문이다. 배당 공시가 없던 기업은 기대 배당 수익률만큼 하락한다. 만약 주식 배당이면 주식 수가 늘어나므로 시가총액을 배당락 하기 전과 동일하게 맞추기 위해 인위적으로 주가를 내리거나, 주식을 단기간 보유했던 투자자가 배당받기 위해 매도하면서 떨어지는 등 복합적인 이유가 존재한다. 배당으로 인해 빠진 주가는 일시적인 영향이라, 시간이 지나면 다시 회복된다. 이처럼 배당락 전후에 주가 변동이 생길 가능성이 크니 투자할 때 꼭 주의하자.

배당락일에 주가가 떨어져 저렴하게 매수하고 다음 해 3~4월, 배당금 주는 날까지 보유한다고 하더라도 해당 주식은 올해에 대한 배당을 받을 수 없다. 배당을 원한다면 배당락일 전날까지 매수하자. 그 외 ETF 분배락일도 분배금 지급 기준일 전날 발생한다.

오전 장 시작할 때 지급 예정인 현금 분배금만큼 ETF 가격도 하락한다. ETF 분배락일은 ETF마다 날짜가 다르며, 특정 자산운용사는 '오늘까지 매수하면 분배금 지급' 알람 서비스도 해준다.

28일 월	29일 화	30일 수	31일 목
배당기준일 마감 2일 전	배당락일	배당기준일 및 폐장일	휴장일

(12월 31일, 평일인 경우)

27일 화	28일 수	29일 목	30일 금	31일 토
배당기준일 마감 2일 전	배당락일	배당기준일 및 폐장일	휴장일	휴장일

(12월 31일, 주말인 경우)

배당금은 언제 받을까?

12월 말, 배당기준일에 최종 주주를 확정하면 다음 해 3~4월에 주주총회를 거쳐 최종 승인한다. 이후 한 달 안으로 주주에게 배당금을 지급한다. 이어서 4~5월쯤 투자자는 배당금을 수령할 수 있다. 한국예탁결제원에서 보내는 우편이나 증권사 메신저 알림을 통해 확인 가능하다. 해당 주식이 있는 증권 계좌로 정해진 날짜에 배당소득세 15.4%를 제하고 입금받는다. 만약 연간 금융소득이 2,000만 원을 초과한다면 따로 종합소득세 신고와 세금을 납부해야 한다. 일반 계좌가 아닌 ISA 계좌로 배당주를 모으면 세금 절세 혜택도 받을 수 있다.

매년 기업 매출에 따라 배당이 달라지기 때문에, 당해 투자자가 받을 수 있는 정확한 배당금은 알기 힘들다. 이럴 때는 작년에 지급했던 배당 정보로 미리 예상할 수 있다. 하지만 배당주로 알고 있었던 기업에 문제가 생겨 당해의 배당을 지급하지 못 하는 일도 생긴다. 이 경우 실망감에 주가가 하락하기도 한다.

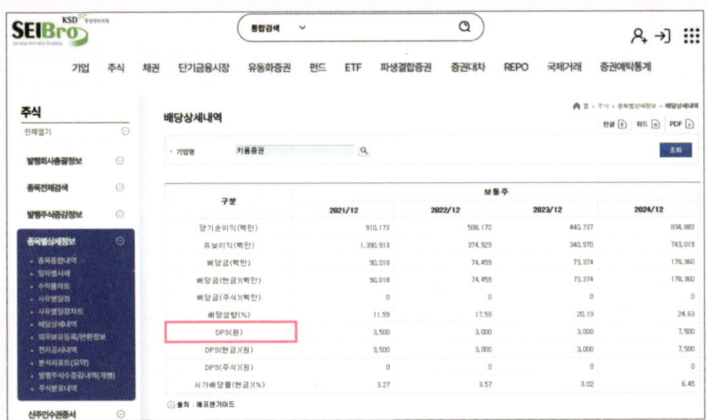

구분	보통주			
	2021/12	2022/12	2023/12	2024/12
당기순이익(백만)	910,173	508,170	440,737	834,883
유보이익(백만)	1,390,913	374,929	340,970	743,019
배당금(백만)	90,018	74,459	73,374	178,360
배당금(현금)(백만)	90,018	74,459	73,374	178,360
배당금(주식)(백만)	0	0	0	0
배당성향(%)	11.59	17.59	20.19	24.63
DPS(원)	3,500	3,000	3,000	7,500
DPS(현금)(원)	3,500	3,000	3,000	7,500
DPS(주식)(원)	0	0	0	0
시가배당률(현금)(%)	3.27	3.57	3.02	6.45

출처 : 에프앤가이드

세이브로(seibro.or.kr) 배당내역 조회화면(예시)

증권정보포털 세이브로(http://seibro.or.kr)에서 주식→배당정보→배당내역상세 메뉴를 눌러 기업명을 입력하면 화면에 여러 정보가 나오는데, 여기서 보이는 'DPS(원)'는 주당 배당금을 말한다. 또는 네이버페이 증권(https://finance.naver.com)에서 국내 증시→배당 메뉴에 '과거 3년 배당금'을 보면 투자하고 있는 기업 배당금 지급 유무와 꾸준히 증가했는지 등을 확인할 수 있다. 참고로 시가배당률은 주가 변화에 따라 달라질 수 있는 지표다. 예를 들어 1주에 10만 원인 주식 배당금이 1만 원이라면 시가배당률은 10%이다. 반면 주가 하락으로 1주에 5만 원인데 배당금이 동일하다면 시가배당률은 20%로 올라간다. 아무리 배당주일지라도 매매차익까지 얻으면 좋으니 무조건 시가배당률이 높다는 이유만으로 혹해서 투자하지 말자.

배당주로 생활비 쓰기, 같이 도전해 보자!

31

어떤 걸 투자해야 할지 모르겠다면, TDF

노후 자금을 단단하게 만들어 굴리고 싶다면 투자는 필수다. 하지만 어디서부터 어떻게 시작해야 할지 몰라 계속 미룬다면 TDF 펀드 또는 TDF ETF로 시작해 보자. TDF란 'Target Data Fund'의 약자다. 일반 펀드와 달리 투자자 은퇴 시점을 목표 기간으로 설정해서 운용한다. 즉, 생애주기에 따라 자산운용사가 알아서 자산 비중을 조정해 주는 자산 배분 펀드다. 우리나라는 2016년에 도입해 상품이 꾸준히 늘고 있다. 펀드의 기본 원칙인 '분산투자'를 바탕으로, 여러 국가나 섹터, 상품 등에 나눠 투자한다.

TDF는 시간 흐름이 반영되므로, 가입자가 젊을 때 공격적인 투자 비중을 높이고 은퇴 시점이 가까워질수록 안정적인 투자로 자동 조정한다. 매번 특정 ETF 종목을 찾아 공부하기 어렵다면 TDF가 투자 대안이 될 수 있다.

어떤 상품으로 가입하면 좋을까?

TDF 상품명에 2040, 2045, 2050 등 숫자가 있다.

먼저, 본인이 태어난 연도에서 은퇴하고 싶은 나이를 더한다. 예를 들어 1989년에 태어났고 60살 때 은퇴를 생각한다면 '2049'가 나온다. TDF 상품은 5년 단위라 2045 또는 2050을 고를 수 있다. 숫자가 적을수록 채권 비중이 높고, 많을수록 주식 비중이 높다. 은퇴 시점이 가까워질수록 TDF가 알아서 주식 비중을 줄이고 채권 비중을 늘려준다. 앞으로 2070, 2080 등 숫자가 높은 상품이 계속 출시될 전망이니 참고하자.

TDF는 노후 준비를 위한 투자상품이지만 꼭 은퇴를 목표로 가입할 필요는 없다. 5년 후 결혼, 15년 후 주택 구매 등 목돈이 필

	TDF 펀드	TDF ETF
운용 방식	펀드 매니저	지수 추종형으로 자동 운용
거래 방식	증권사 펀드 상품 매매	주식시장 실시간 거래
수수료	높음 (0.5~1.0%)	TDF 펀드보다 낮음 (0.14~0.4%)
현금화	환매 신청 후 일정 기간 필요	즉시 매매 후 D+2 (주식과 동일)

요한 시기에 맞추어도 자금을 모을 수 있다. 또, 굳이 나이가 많다는 이유로 반드시 채권 비중을 늘릴 필요는 없다. 그렇지만 확실히 주식 비중이 높은 상품은 변동성이 심하다.

너무 바빠 연금 관리에 신경 쓰기 힘들거나 투자에 자신이 없다는 이유로 그저 계좌에 방치만 했다면 TDF도 긍정적으로 생각해 보자. 수수료가 조금 있더라도 자동이체하면 알아서 투자해주는 TDF 펀드를 고르면 되니까 말이다. 반대로 직접 매매하면서 흐름도 느끼고 싶다면 수수료가 저렴하고 매매가 편한 TDF ETF로 선택하자. 요즘은 ETF도 자동 매수할 수 있어, 더욱 편하게 투자할 수 있다. TDF ETF가 처음 나왔을 때, 어떻게 운용되는 것인지 궁금해서 TDF 펀드로 월 5만 원씩 3개월을 직접 해보다가 TDF ETF가 출시한 다음에는 펀드 이익 실현 정리 후 IRP에서 2045와 2050 ETF로 모아가고 있다.

32

ETF에서 선물, 현물은 무슨 뜻일까?

ETF 종류 중에 '선물'과 '현물' 단어로 구성하는 상품이 여러 가지 있다. 금 선물, 금 현물, 미국채 10년 선물, 미국 달러 선물, 구리 실물 ETF가 대표적이다. 흔히 선물 투자라고 하면 위험한 파생 상품부터 떠오르지만, ETF에서는 걱정할 필요 없다. 선물 ETF란 실제 자산을 100% 보유하지 않아도 해당 자산 가격 추종으로 변동성에 투자한다는 말이다. 이에 반해 현물 ETF는 원유, 원자재, 농산물 등 실물 자산에 투자하는 방법이라 선물과 달리 운송 및 보관비 등 비용이 추가로 발생한다.

예를 들어 금에 투자하는 ETF라 하더라도 직접 금을 담아 운용하는 '현물'과, 실물 없이 계약으로만 담아 운용하는 '선물'로 나뉜다. 투자자는 ETF에 '선물'로 표기한 것을 보면 알 수 있고, 현물 ETF는 상품 이름에 표기하지 않거나 '현물' 단어를 통해 쉽게 구분할 수 있다. 선물과 현물 중 어떤 ETF가 좋은지 나누기보다, 각 계좌에 투자할 수 있는 ETF로 포트폴리오를 구성하는 것을 권장한다.

일반 계좌 및 ISA 계좌	연금저축펀드	IRP 계좌
선물, 현물 ETF 모두 가능		현물 ETF만 가능

1억 TIP

가끔은 쉬는 것도 투자 활동의 일부

주식시장이 좋으면 주가가 매일 올라가면서 수익을 벌고, 그럴 때마다 마치 투자가 적성인 듯한 기분 좋은 착각까지 든다. 작은 수익에도 오르락 내리락 하는 기분이 시장의 등락과 밀접하게 연결된 것처럼, 주식의 등락도 우리 일상과 닮아있다. 오늘 컨디션이 좋다면 생산적인 일을 통해 능률이 많이 오른다. 그럴 때 스스로 굉장히 뿌듯하다. 하지만 바로 그다음 날, 어제와 정반대로 무기력함이 덮쳐 기나긴 슬럼프에 빠지기도 한다. 어제 잘했던 모습은 까맣게 잊은 채 평생 이렇게 사는 건 아닌가? 두려운 마음마저 생긴다. 그다음 날은? 하루만에 아무렇지 않게 다시 활력을 되찾을 수 있다. 그게 아니면 며칠 또는 몇 달간의 기나긴 암흑기를 거치면서 아주 서서히 회복한다. 우리가 흔들리는 이유는 다양하다. 스스로 해결해야만 하는 내부 문제, 혹은 본인이 해결하기 어려운 외부 문제 등 원인은 복잡하다. 심지어 예측마저 어렵다. 상황에 직면할 때는 부정적인 상황만 가득해 당장 포기하거나 우울감이 커진다. 그럼에도 피드백 과정에서 자신을 돌아보며 다시 일어서는 계기가 생긴다.
장기적인 관점에서 인생을 바라볼 때, 곡선을 위아래로 그리며 계속 우상향한다면 며칠의 방황은 사실 큰 문제라고 인식하지 않을 것이다. 오히려 앞으로 더 성장하기 위해 숨 고르는 시간이라 여길 뿐, 장기전에서는 일정한 휴식 기간을 꼭 챙겨야만 건강하게 오래 나아갈 수 있다. 주식시장 역시 마찬가지이다. 앞으로 성장 가능성이 있는 기업에 투자하더라도, 상승과 하락을 끊임없이 반복하거나 한동안 한 방향으로만 계속 이어질 수 있다. 그렇지만 하락장이 지속될 때는 아예 주식 계좌를 묻어버리지 말고 뉴스나 공시를 꾸준히 살펴보며 내외부적인 문제에 관해 더 많이 관심 가져야 한다. 특히 단기간 빠르게 올랐다면 앞으로 유지할지, 추가 매수할지, 익절할지 등 투자 방향을 정해봐도 좋다. 정말 괜찮은 기업인데 급락했다면 '이러다가 망하는 거 아닌지'에 대한 막연한 걱정보다 그동안 주가가 많이 올라 못 사서 아쉬웠는데, 좋은 기업 주식을 더 저렴하게 매수할 수 있다는 관점으로 바꿔본다.

 특히 외부의 영향으로 별다른 이유 없이 하락했을 때 추가 매수하기 좋다. 이때를 대비해 미리 현금 일부를 투자용 CMA 계좌에 넣어 보유해 놓자. 단, 모든 하락장의 100%를 적용할 수는 없다. 투자한 기업의 사업 방향이 달라지거나 내부 문제로 경영 리스크가 생길 가능성도 고려해야 한다. 여러 여건으로 당분간 하락 리스크가 존재할 것 같다면, 과감하게 정리하는 것도 고민해 볼 수 있다. 무조건 주식을 장기간 보유한다고 오르는 것은 아니니까 말이다. 그동안 주가가 많이 올라 조정장 때 하락할지라도, 당분간 한참 고점이었던 그 주가로 돌아가기에 힘들 수 있다. 투자 가치 판단은 소액으로 다양한 경험을 많이 해보면 단단한 내공이 반드시 생기므로 일찍부터 포기하지 말자.

주식시장 분위기가 좋지 않으면 그날 하루는 가볍게 흐름만 파악하고 본업에 집중하자. 요즘은 하락 충격이 와도 다음날 다시 반등하는 일이 비일비재하게 일어난다. 변동성이 심해지면 투자하기가 더 어려워지지만, 누가 봐도 증시가 안 좋거나 전쟁, 테러, 전염병 등 하루 이틀로 끝나지 않을 사회 이슈 때문이라면 한 번쯤은 휴식에 대해 고민할 필요가 있다. 기관투자자나 본업 투자자는 매일 투자해야 하므로, 휴식은 개인투자자만이 할 수 있는 특권이다. 사명감을 가지고 억지로 매일 투자할 필요가 없다.

 예를 들어 코스피 지수가 하락하면 투자한 코스피 인버스 ETF 주가는 오르면서 수익을 얻는 것이다. 더 나아가 인버스 2X, 일명 '곱버스' ETF 상품은 지수가 하락하면 2배나 오른다. 이와 반대 성격을 가진 상품은 '레버리지 ETF'이다. 기초 지수 등락에 따라, 종목별로 상승 및 하락률에도 변화가 있다는 걸 알 수 있다. 하지만 아래의 자료에서도 알 수 있듯, 1% 올랐다고 정확하게 2%가 오르거나 –1% 또는 –2%가 떨어지지 않고 유동적으로 움직인다.

2026년 2월 3일 화요일	
ETF 종목	상승·하락률
코스피 ETF	7.69%
코스피 레버리지 ETF	15.62%
코스피 인버스 ETF	- 8.03%
코스피 인버스 2X ETF	-15.71%

이 날은 코스피 5,288.08로 전날에 비해 6.84% 상승했다

2026년 2월 6일 금요일	
ETF 종목·	상승·하락률
코스피 ETF	-1.07%
코스피 레버리지 ETF	-2.25%
코스피 인버스 ETF	1.09%
코스피 인버스 2X ETF	2.13%

이 날엔 코스피 5,089.14로 전날에 비해 1.44% 하락했다

이들은 변동성이 심한 시장보다 매일 연속으로 상승하거나 하락할 때 효과를 본다. 왜냐하면 기초 지수 움직임을 따르는 일반 ETF와 달리, 레버리지와 인버스는 기초 지수 일간 변동률의 1배 또는 2배를 추적하기 때문에 완전히 다른 상품으로 이해해야 한다. 지수가 하루는 오르고 다음 날은 떨어지고 그다음 날 다시 오르는 것처럼, 변동성이 크면 클수록 가만히 보유만 하고 있던 자산은 녹아내린다. 일반 지수형 ETF와 달리 레버리지와 인버스 ETF는 장기간 갖고 있으면 지수가 제자리로 돌아올 때 수익률이 저조하거나 손실 날 가능성이 크다. 나의 경우 초보자 때 레버리지와 인버스가 궁금해서 ETF를 몇 번이고 투자한 적이 있다. 단기간 투자했을 때는 수익을 봤지만 한번 물리기 시작하니 손실을 복구하기 점점 버거워졌다. 하락했을 때 추가 자금을 넣어 물타기도 해봤지만, 투자할 수 있는 자금에는 한계가 있었다. 버티기 전략은 불어나는 손실을 감당하기 어렵게 만들었고, 결국 눈물의 손절로 마무리 지어야 했다.

레버리지는 시장 경제가 좋아진다는 '전망'에 투자하는 것이다. 반면, 인버스 ETF는 경기가 좋지 않아야 수익을 얻는다. 그러다 보니 우리나라 또는 세계 경제가 망해야 내 자산이 늘어나기에 부정적인 사고로 생각할 수밖에 없다. 투자자들 사이에서 레버리지, 인버스 투자가 고난도라고 불리는 이유는 이뿐만이 아니다. 오르고 내리는 타이밍까지 맞춰야 수익을 낼 수 있는 구조다. 나의 경우, 여러 이유가 복합적으로 맞물려 더 이상 레버리지와 인버스 ETF 상품에 투자하지 않는다.

전날 미국 증시 S&P500, 나스닥, 다우존스 3대 지수가 좋지 않았다면 정규장 9시 시작 후 30분 정도 계좌를 살펴보자. 주식 계좌는 자동 매수가 작동하고 있으므로 추가 매수하고 싶은 종목만 더 담는다. 30분이 지났는데도 반등하지 않고 하락 분위기가 이어지면 증권사 애플리케이션 창을 끄고 다른 생산적인 일에 집중한다. 괜히 불안, 걱정, 스트레스 등으로 소중한 하루를 스스로 망칠 필요는 없다. 투자를 잠깐하고 끝낼 것이 아니라면 쉼도 투자 활동 기간에 넣자.

33

하락을 기회로 만드는 종목

투자한 지 얼마 안 되었을 때 몇 주 없는 주식 가격이 오르면 수익이 적어 아쉬웠다. 떨어지면 떨어진다는 것 자체에 스트레스를 받아 투자가 적성에 맞지 않는다고 생각하기도 했다. 일희일비하지 않고 건강하게 오래 투자하는 것이 목표였기 때문이다. 고민 끝에 가격이 떨어져도 기분 좋게 매수할 수 있는 기준을 정했다. 이제는 주가가 내려가면 '오히려 저렴하게 살 기회'라 여기게 되었다.

주가가 내려가면 오히려 저렴하게 살 수 있는 종목들

1. 주기적으로 배당 주는 종목
2. 사람이 꾸준히 소비하는 종목과 연관된 기업
3. 앞으로도 오래 존재할 기업
4. 달러, 금

주기적으로 배당 주는 종목

국내 주식은 아직 배당보다 매매차익을 통해 수익을 내는 빈도가 높다. 그러다 보니 평소에는 배당주와 배당 ETF에 크게 관심을 두지 않는다. 자고로 배당이란 잊혔다가 매년 4월쯤 소소하게 받는 용돈처럼 여기곤 했다. 그러나 미국 주식을 시작하면서부터 달러로 배당받는 월 배당주의 매력을 알게 되었다.

처음 받았던 배당금은 소소한 금액이라 찾지 않고 재투자했다. 그때 했던 행동이 좋은 습관으로 이어져 지금도 배당금이 들어오는 날에는 그 금액 또는 1주를 추가 매수한다. 매매차익보다 배당금에 집중하니까 주가가 오르지 않거나 떨어졌을 때 느끼는 불안감과 조급함은 줄어들었다. 배당 투자를 시작한지 5년 차, 배당의 매력에 빠졌다. 지금은 배당주와 배당 ETF 비중을 점점 늘리면서 매달 배당금을 받으며 투자하고 있다.

사람들이 꾸준히 소비하는 항목과 연관된 기업

개별종목 주가 상승에 도움을 주는 여러 이유 중 기업 매출과 영업이익, 순이익을 빼놓을 수 없다. 주식 투자를 처음 시작했을 때 한 가지 로망이 있었다. 워런 버핏처럼 본인이 자주 소비하는 것에 투자하면서 소비자에서 멈추지 않고 투자자 역할까지 하고 싶었고, 바로 행동으로 옮겼다. 바랐던대로 진짜 좋아하고 자주 소비하는 화장품 기업 주식을 매수했다. 그런데 기다려도 기대했던 만큼 주가는 오르지 않았다. 사실 그 당시에는 이유를 몰랐다.

돌아보면 실패할 수밖에 없었던 2가지 이유가 있었다. 첫째, 혼자만 좋아한다. 단순히 내가 즐겨 찾는다는 이유로 매수했던 기업은 투자자에게 주목받는 종목이 아니었다. 진짜 말 그대로 혼자만 소비하는 브랜드였다. 살펴보니 주변 온·오프라인 지인들마저 구매하지 않았다.

둘째, 소비 주기가 길면 안된다. 이익을 많이 내려면 원가가 낮거나 꾸준히 많이 팔려야 한다. 비싸더라도 소비자 지갑이 열리거나, 아니면 엄청난 희소가치가 있어야 한다. 그런데 투자했던 기업 제품은 재구매하기까지의 주기가 길었다. 다른 물품에 비해 자주 구매한다는 나조차 1년에 몇 번 사지 않았고 심지어 세일 기간에만 이용했다. 그 외 비슷한 대체재도 많아, 비싸게 팔기 어려운 상품과 서비스가 대다수였다.

여러 이유를 모아 보니 워런 버핏이 투자하는 코카콜라처럼 반려 종목으로 오랜 기간 보유하기 힘들다는 결론을 내렸다. 이후에도 몇 번의 반려 기업 찾기에 실패하면서 소비자로 남아야 할 기업과 투자만 할 기업, 그리고 소비와 투자 둘 다 하면 좋은 기업이 있다는 걸 알았다. 만약 소비와 투자 둘 다 해도 괜찮은 좋은 기업을 찾았다면 주가가 떨어져도 기쁜 마음으로 매수하며 기다리자.

앞으로도 오래 성장하고 존재할 기업

투자자에게 안겨주는 수익이 많을수록 좋은 기업일 것이다. 하지만 주가 변동성이 심해, 하루하루 불안한 마음으로 투자한다면 그만큼 에너지와 시간을 더 많이 뺏길 수밖에 없다. 정신적 보상은 주가에 반영하지 않는다. 본업이 투자자가 아니기에 주가가 하락해도 심리적으로 불안하지 않은 기업에 투자하고 싶었다. 내 몸 하나 지키기 힘든 와중에 기업의 흥망성쇠까지 걱정할 여유가 없었다. 투자했던 몇 개의 기업이 거래 정지를 당하면서, 이제는 오래 성장하고 존재할 기업에 투자하는 비중을 늘리고 있다. 대부분 우리가 이름만 들어도 아는 대형 기업들 말이다. 하지만 무조건 대형주가 좋은 것은 아니다. 10년 전과 비교했을 때 현재의 주가가 더 낮은 대형 기업들도 있기 때문이다. 그러니 요즘 트렌드에 휩쓸리기 쉬운 테마주만 담기보다 단단하게 성장 중인 기업도 함께 포트폴리오에 넣자.

달러와 금

기업뿐만 아니라 실물 자산인 달러와 금에도 투자하고 있다. 달러는 별다른 기술 없이 1년간 환율 움직임을 참고해 나만의 매매 기준 환율을 잡는다. 기준으로 정한 환율로 내려오면 그때 매수하자. 매도 역시 원하는 기준 환율을 설정해서 올라오면 차익

실현 하자. 환율은 주식과 달리 상승, 하락 범위가 무한대로 펼쳐지지 않아 기준을 정해 놓고 매매하면 충분히 수익을 낼 수 있다.

몇 년 전만 해도 실물 달러 보유에 관한 생각은 크게 없었다. 하지만 최근 달러 강세와 원화 약세가 오랜 기간 이어지고 있음에 따라 환율이 낮아질 때마다 실물로 조금씩 모으고 있다. 반면, 금은 단기적인 매매차익보다 보험이라 생각하며 꾸준히 모으고 있다. 금값이 폭락할 때마다 구매하면서 실물 금으로 인출한다. KRX금통장은 금값 상승에 따른 매매차익을 얻는 계좌로 활용하고 있다. 더 자세한 설명은 7·8부 금테크, 환테크 파트에서 확인하자.

가격이 저렴할 때 매수해서 비쌀 때 매도한다는 걸 모르는 투자자는 없다. 하지만 저점과 고점이 언제인지 알기란 쉽지 않다. 특히 초보자라면 처음부터 많은 자금을 넣어 굳이 난이도까지 올릴 필요는 없다. 또한 1주로 시작하면 언제든 투자를 시작할 수 있다. 주가가 많이 올랐다고 떨어질 때까지 하염없이 기다리지 않는다. 달러와 금 역시 소액으로 할 수 있으니, 고민만 하다 기회를 놓치는 실수는 하지말자.

ISA 습관

4

34

ISA로
세후 수익률 높이기

ISA는 개인종합자산관리계좌로 은행과 증권사에서 판매하는 절세 금융상품 중 하나다. 2026년 1월 기준 700만 명이 가입한 상품으로, 세제 혜택을 받으며 중단기 목돈을 모으기 적합하다고 알려져 있다. 운용 방식에 따라 신탁형, 일임형, 중개형으로 나뉜다. 은행은 신탁형과 일임형, 증권사는 중개형으로 3가지 중에서 하나만 선택해서 가입할 수 있는 1인 1계좌다.

통장 유형에 따라 취급하는 상품도 달라진다. 예적금, MMF, 채권형 펀드 등 안전 자산 위주로 운용하는 '신탁형'과 이미 금융회사에서 만든 포트폴리오를 선택해 추가 수수료를 내며 운용을 대신 맡기는 '일임형'이 있다. 이와 달리 중개형은 국내 주식, 공모주, 국내 주식 ETF, 국내 상장 해외 ETF, 채권, 리츠, 펀드, ELS, ELB, RP 등 다양한 금융상품을 한 계좌 안에서 직접 고르고 투자하는 방식이다. 이 중 예금만 예금자 보호를 적용받을 수 있다.

요즘 주식 투자에 관심이 커지면서 중개형 ISA를 선호하는 비중도 함께 늘었다. ISA는 국내 주식 투자에서는 선택 범위가 넓지만, 아쉽게도 엔비디아, 애플, 아마존과 같은 해외 개별 주식이나 QQQ, SPY, SCHD 등과 같은 해외 ETF에는 직접 투자할 수 없다. 그러나 해외 시장에 간접투자하는 국내 상장 해외 ETF는 거래가 가능하다. 여기에는 대표적으로 나스닥100, S&P500, 다우존스 월배당 등이 있다. 지수뿐만 아니라, 미국 필라델피아 반도체, 미국테크Top10, 차이나항셍테크 ETF처럼 테마형도 가능해서 투자가 불가한 개별 기업에 대한 아쉬움을 덜어낼 수 있다.

ISA 계좌를 이용하려면 현재 주식 투자를 해오던 위탁 계좌에서 전환할 수 없고, 추가로 새롭게 개설해야 한다. 만 19세가 넘

구분	신탁형 ISA	일임형 ISA	중개형 ISA
가입 방법	영업점 방문	영업점 및 비대면 가능	
상품 선택 방법	금융회사가 제공하는 리스트에서 직접 선택	금융회사가 직접 운용	직접 선택
적합한 고객	단일상품 확정금리 선호	포트폴리오 투자 선호	직접 투자 선호
투자 가능 상품	예금, ETF, ETN, 펀드, RP, 리츠 등	예금, 펀드, ETF, ELS 등	국내 주식, ETF, 채권, ETN, 펀드, ELS, RP, 리츠 등
고객 수익률	상품 선택에 따라 결정	금융회사 운용에 따라 결정	상품 선택에 따라 결정
수수료 및 보수	신탁 보수+개별 상품 보수	일임 수수료+개별 상품 보수	개별 상품 보수

으면 계좌를 만들 수 있다. 단, 직전 3년 중 1회 이상 금융소득종합
과세 대상이었다면 가입할 수 없다.

혜택은 계좌 안에서 발생한 이익과 손실을 합한 순이익에 대
해 일반형 200만 원, 서민형 400만 원만큼의 비과세를 받을 수 있
다. 초과 이익은 9.9% 분리과세를 적용해 종합소득세 과세 대상에
도 포함하지 않는다. 계좌 혜택을 활용하는 방법은 세금 나오는 투
자 종목, 금융상품 등으로 포트폴리오를 구성해 절세에 집중하는
것이다.

구분	일반형	서민형
가입 요건	만 19세 이상 거주자 (만 15~19세 미만은 근로소득 필요)	총급여 5,000만 원 이하 종합소득 3,800만 원 이하
추가 필요 서류	15~19세 미만 및 서민형 대상은 개인종합자산관리계좌 가입용 '소득 확인 증명서', 농어민은 '농어업인 확인서' 추가 필요	
가입 금액	연간 2,000만 원 한도 (5년간 총 1억 원)	
가입 기간 연장	가능 (만기일 3개월 전부터 만기일 전날까지)	
비과세 한도	200만 원	400만 원
세제 혜택	만기 시 손익 통산 후 비과세 한도	
한도 초과 시	9.9% 분리과세	
의무 기간	3년	
별도 유지 조건	서민형 조건은 가입과 만기 연장할 때만 확인, 별도 유지 조건 없음	
중도인출	납입 원금 한도 안에서 횟수 제한 없이 자유롭게 인출 가능	
연금 전환 추가공제	만기 해지 금액 중 납입 금액의 10%, 최대 300만 원 추가 세액공제 혜택 (60일 이내 연금 계좌 납입 필수)	

비과세 혜택을 받기 위해서는 가입하고 3년 동안 유지해야 한다. 이전에 계좌를 해지하거나 전액 인출 시, 중도해지로 간주해 그동안 ISA 계좌로 받은 세금 혜택을 뱉어내야 한다. 돈을 넣지 않고 개설만 해도 기간으로 인정한다. 3년이 길게 느껴진다면 계좌만 미리 만들어 놓고 활용은 만기 1~2년 전부터 하는 방법도 있다. 지금 당장 필요성을 느끼지 못해도 하루라도 빨리 만들면 좋은 금융상품 중 하나다.

단, 불가피하게 발생한 특수한 경우는 예외적으로 세제 혜택을 받을 수 있다. 천재지변, 퇴직, 사업장 폐업, 가입자 본인 3개월 이상의 입원 치료 또는 요양이 필요한 상해, 질병 발생, 수탁한 금융회사의 영업정지, 영업인가 허가 취소, 해산 결의 또는 파산선고, 사망, 해외 이주 등이 그 예다. 더 자세한 내용은 가입한 증권사 상품 페이지에서 확인하자.

35

ISA 계좌를 만들어야 하는
5가지 이유

이유 하나

절세 효과

ISA 계좌는 일반 계좌와 동일하게 국내 주식과 ETF 매매 차익에 대해서 비과세다. 그렇다면 어떻게 혜택을 활용하면 좋을까? 세금을 아낄 수 있는 포트폴리오를 구성하는 것이다. 일반 계좌는 배당 또는 분배금을 받으면 15.4%의 세금을 제외한 금액으로 입금받는다. 국내 상장 해외 ETF 매매 차익에 붙는 세금도 마찬가지다. 반면 ISA 계좌는 먼저 비과세로 받고 만기 해지 때 세금을 부과한다. 이때 일반형 200만 원, 서민형 400만 원까지 절세 혜택을 받을 수 있으며, 비과세 한도 초과 금액의 경우 9.9%의 분리과세로 적용한다. 이마저 일반 계좌 15.4%보다 5.5% 추가 절세 효과를 얻는 셈이다.

[KB증권] 배당금 입금완료 안내

■ 계좌번호: ***-***-*92 [01]
■ 종목명: 키움증권
■ 세전배당금: 7,500원
■ 세후배당금(실입금액): 6,350원

[한국투자]
김나연님
배당금 입금 안내
* 종목명 : 키움증권
* 계좌번호 : 74****33-01
* 입금액 : 45,000원
* 입금일자 : 2025년04월10일

왼쪽: 일반 계좌에서 받은 배당금 / 오른쪽: ISA 계좌에서 받은 배당금

일반 계좌와 ISA 계좌에서 투자했을 때 절세 예시

- 국내 상장 해외 ETF 투자로 얻은 분배금 50만 원
- RP 투자로 얻은 이자 90만 원
- 배당주 투자로 얻은 배당소득 100만 원

총수익 : 240만 원

- ☑ 일반 계좌 : 240만 원 수익에 대해 15.4% 과세로 총 323,400원 세금 부과
- ☑ ISA 계좌 : 일반형 기준으로 200만 원 비과세, 초과 수익 40만 원은 9.9% 과세 적용 총 39,600원 세금 부과

이유 둘

손익 통산 혜택

일반 계좌는 손실과 상관없이 수익에 대해 세금을 낸다. 예를 들어 100만 원 수익에 100만 원 손실이라도, 100만 원 수익에 대한 세금을 부과한다. 하지만 ISA 계좌는 100만 원 수익과 손실 모두 반영해 실제 수익이 0원이라면 낼 세금이 없다. 이를 '손익 통산'이라 말한다. 하지만 모든 투자상품에 적용하지 않는다.

국내 주식에 대한 매매 차익은 현재 과세를 하지 않기 때문에 손익 통산에서도 제외하고 있다. 이외에도 국내 주식형 ETF 또는 펀드, 개별 채권 등이 있다. 다만, 국내 개별 주식에만 발생한 손실은 손익 통산에 포함하고 있다. 손익 통산은 만기 해지 시점의 모든 수익과 손실을 통산하여 딱 한 번 세금을 정산한다. 즉, 의무가입기간 이전에 중도 해지한다면, 손익 통산 혜택 없이 개별 상품별로 일반 과세하므로 주의하자.

구분	매매 차익 / 배당금 (분배금, 이자)	수익 / 손해	손익 통산 여부
국내 주식 (예. 삼성전자, SK하이닉스 등)	매매 차익	수익	X
		손해	O
	배당금		O
국내 주식형 펀드, ETF (예. PLUS 고배당 ETF 등)	매매 차익	수익, 손해	X
	분배금		O
국내 상장 해외 ETF (예. TIGER S&P500, KODEX 미국 나스닥 100 등)	매매 차익	수익, 손해	O
	분배금		
채권 (예. 국채, 회사채 등)	매매 차익	수익, 손해	X
	이자		O
채권형 펀드, ETF	매매 차익	수익, 손해	O
	분배금		

* 비과세 혜택은 배당과 분배금을 포함한 모든 손익을 합산한 금액이다. 국내 주식 매매 차익처럼 일반 계좌에서도 비과세를 적용하는 항목은 손익 통산에 포함하지 않는다.

계좌 종류	순손익 예시	세금 부과
일반 계좌	해외주식형펀드 수익 : +1,000만 원 국내 주식 손실 : –600만 원 = 1,000만 원 x 15.4%	154만 원 세금
ISA 계좌	해외주식형펀드 수익 : +1,000만 원 국내 주식 손실 : –600만 원 = 400만 원 순손익	일반형 : 200만 원 x 9.9% = 198,000원 세금 서민형 : 0원 세금

이유 셋

과세이연으로 인한 복리 효과 증대

일반 계좌에서 배당금 또는 분배금을 받으면 원천징수한 나머지 금액이 들어온다. 반면 ISA 계좌는 세금을 떼지 않은 원금으로 받은 후 해지 시점에 세금을 정산한다. 즉, 해당 금액만큼 투자 기간에 100% 원금으로 재투자하면서 지속적인 자산 증식이 가능하다.

이유 넷

이월 가능한 납부 한도

ISA 계좌의 1년 납입 한도는 2천만 원이다. 만약 당해 한도까지 못 채웠다면 다음 해로 이월할 수 있으며, 이월은 5년 동안 최대 1억 원까지 가능하다. 예를 들어 가입한 첫해 1천만 원을 납입했다면, 남은 1천만 원은 이월하여 다음 해에는 3천만 원까지 넣을 수 있다. 만약 1억 원 납입 후 수익이 생겨 중도인출할 경우, 수익이 아닌 원금에서 차감하는 방식이라 비과세로 적용한다.

만기 시 추가 세제 혜택

의무가입기간 3년은 비과세 혜택을 적극적으로 활용하고, 만기 해지 시에는 추가 세제 혜택을 누리자. ISA 계좌를 3년 만기 목돈 통장으로 쓸 수 있지만, 노후 자금 마련을 위한 중간 다리 역할로도 활용할 수 있다.

노후 준비를 함께할 계획이라면 만기 해지 후 60일 안으로 ISA 계좌에 있던 금액 일부를 연금 계좌로 옮기자. 최대 3,000만 원 납입액의 10%인 300만 원 한도까지 추가 세액공제 혜택을 받을 수 있다. 연금 계좌 종류에는 IRP, 연금저축펀드가 있는데 연금저축펀드에 넣는 것을 권장한다. 왜냐하면 IRP는 납입한 금액을 중도인출할 수 없지만, 연금저축펀드는 혜택받지 않은 금액 안에서 언제든 비과세로 인출할 수 있기 때문이다.

만기 자금이 3,000만 원이 안 된다면, 해지 전에 추가로 부족한 금액을 채워 연금 계좌로 이체할 수 있다. 추가 세액공제 300만 원은 연금저축, IRP 기존 세제 혜택인 연 900만 원과는 별도다. 3년에 한 번씩 최대 1,200만 원까지 공제받을 수 있으므로 미리 노후 준비도 챙겨두자.

36

무조건 좋은 것만은 아니다,
ISA 계좌의 단점

이렇게 혜택 많은 좋은 상품이지만 가입 초창기에는 투자 자금이 얼마 없어, 몇 년 동안 활용하지 않았다. 거의 방치한 채 가입 기간만 채워 아쉬움이 남았다. 지금은 일반 계좌 포트폴리오와 차별화하면서 ISA만이 갖고 있는 장점을 적극적으로 활용하고 있다. 처음에는 활용법을 몰라 단점이 더 많다고 생각했지만 역시나 크나큰 오해였다. 아래에 나올 내용은 미리 알아두면 장점이 될, 주변에서 많이 언급하는 단점 3가지를 정리했다.

단점 하나

연간 투자 금액 한도

투자할 수 있는 여유 자금이 많다면 1년에 입금 한도 2,000만 원은 아쉬운 금액이다. 국회에서 ISA 계좌 활성화를 위한 한도 상향 논의는 계속 언급되고 있음을 알아두자. 12월 말에 가입해서 2천만 원을 넣고, 해가 바뀐 1월에 한 번 더 2천만 원을 넣으면, ISA 계좌를 첫 1년간 총 4천만 원으로 운용할 수 있다. 해지 후 재가입 시에도 같은 방법으로 활용할 수 있다.

단점 둘　해외 주식은 세금 혜택 없음

오직 국내 주식 매매와 금융상품 가입 용도로만 활용할 수 있다. 해외 주식을 직접 매매하려는 경우에는 일반 계좌를 이용해야 한다. 대신 ISA 계좌는 국내 상장한 해외 지수, 또는 기업을 묶은 테마를 추종하는 ETF에 투자하면 비과세 혜택을 받을 수 있다. 예를 들어 해외 상장한 S&P500 지수를 추종하는 투자는 불가하지만, TIGER, KODEX 등에서 판매하는 S&P500 ETF는 매매를 통한 세제 혜택, 분배금에 대한 과세 혜택을 받을 수 있다. 즉, 해외 직접 투자는 일반 계좌를 통해 손익 통산 후 연간 250만 원의 비과세 혜택을 받는 것이 좋으며, 해외 지수 및 테마 ETF는 ISA 계좌를 이용하는 것이 현명하다.

단점 셋　최소 3년 동안 계좌 유지 필요

ISA 계좌의 장점인 세제 혜택을 온전히 받기 위해서는 3년이라는 의무가입기간을 충족해야 한다. 저축도 3년 만기는 유지하기 어려워, 중도해지 비율이 높은 편에 속한다. ISA 계좌 가입을 망설이는 이유도 비슷하다. 그나마 다행인 점은 계좌에 돈을 넣지 않거나, 또는 돈만 넣더라도 가입한 날로부터 날짜를 계산한다는 것이다. ISA 계좌를 이용해 보고 싶은데 아직 공부가 필요하다면 우선 가입부터 해놓자. 특히 소득 기준이 서민형에 해당한다면 더더욱 빠르게 개설만 해놓자. 또한 중도인출도 가능해서 수익금까지 모두 빼지만 않는다면 세금을 걱정할 필요는 없다.

그러나 앞서 언급한 세 가지 단점은 중·장기적인 목돈 마련 용도로 ISA 계좌를 활용할 계획이라면 이를 심각하게 고려할 필요는 없으니 안심하자.

37

비대면으로
중개형 ISA 계좌 개설하기

중개형 ISA는 대부분 증권사에서 가입할 수 있다. 직접 증권사에 가서 만들 수도 있으며, 증권사 애플리케이션에서도 비대면으로 개설할 수 있다. 그러나 수수료 면제 등 증권사별 다양한 혜택 이벤트에 참여하기 위해서는 비대면으로 만드는 것을 추천한다.

모바일로 ISA 계좌 개설하는 방법

1. 증권사 애플리케이션 메뉴에서 '스마트폰 계좌 개설' 또는 '계좌 개설' 버튼을 누른다.

*참고로, 증권사에 따라 주식계좌, CMA, 연금저축, IRP 등 여러 계좌를 한 번에 만들 수도 있으니 필요한 계좌를 선택하면 된다. 그렇다고 여러 금융 계좌를 동일한 증권사로 모두 맞출 필요 없다. 혜택이나 취급하는 금융상품이 많은 곳을 고르자.

2. 약관을 차근히 읽은 후, 확인 버튼을 누른다.

3. 첫 가입 시, 일반형 ISA 계좌로 만들어진다. 증권사에 따라 추가 증빙 서류가 필요할 수 있으니 가입한 증권사의 처리 방식을 확인 후 준비하자.

*서민형은 별도 소득 확인 증명서 제출이 필요하거나 가입 과정에서 자동으로 국세청에 확인하고 전환해 준다. 일반형이라면 개설 당해 7월부터 서민형 조건에 해당된다는 전제하에 증권사에서 일괄 변경해 주기도 한다.

4. 계좌 개설을 위해 신분증(주민등록증 또는 운전 면허증)을 촬영한다.

5. 본인 확인 절차로 본인 명의 입금 가능한 은행 또는 증권사 계좌로 1원 송금한다.

* 계좌 확인이 어려운 경우 영상통화로 대체할 수 있다.

6. 계좌 개설이 끝나면 바로 계좌를 사용할 수 있다. 서민형으로 전환하기 위해 서류 제출이 필요할 경우, 소득확인증명서 발급 방법을 참고하자.

* 소득확인증명서는 증권사 처리 방식에 따라 다르다. 예를 들면 출력한 증명서 상단에 ISA 계좌번호와 이름을 적는다. 해당 증권사에 팩스로 보내는 방법과 홈페이지 또는 애플리케이션에서 바로 팩스를 전송하고 고객센터로 전화하는 방법이 있다. 만약 영업점에서만 가입 또는 전환을 해야 한다면 발급용으로 2매 이상 출력하자.

소득확인증명서는 6월 30일 이전과 이후로 기준 연도가 달라진다. 예를 들어 올해 6월 30일에 증명서를 발급 받았다면 재작년 근로(사업)소득에 대한 내용이다. 같은 해 7월 1일부터는 작년 근로(사업)소득으로 발급 받을 수 있다.

소득이 작년부터 발생했다면 올해 7월 1일 이후에 증명서 발급할 수 있다. 번외로 재작년보다 작년에 소득이 늘어 과세 혜택을 받을 수 있는 구간을 넘겨 서민형 조건에 충족하지 못 하면, 6월 30일 전에 발급 받아 제출하자. 그 경우 낮은 소득이었던 재작년 정보로 서민형 ISA 계좌를 만들 수 있다.

소득 확인 증명서 발급 방법

1) 국세청 홈택스 홈페이지
로그인 > 민원증명 > 민원증명신청 > 소득확인증명서(개인종합자산관리계좌 가입용) > 수령발급
2) 손택스 애플리케이션
로그인 > 민원증명 > 즉시발급증명신청 > 소득확인증명서(개인종합자산관리계좌 가입용) > 수령발급

중도해지 말고 중도인출하자

일부 금액이 급하게 필요하다는 이유로 중도해지하는 것은 이래저래 아쉬운 이유밖에 없다. 이때 '중도인출' 방법을 활용하자. 계좌에서 수익금을 제외한 입금액 안에서 자유롭게 인출할 수 있기 때문이다. 단, ISA 계좌를 가입할 당시 입금한 현금성 자산만 인출 가능하다. 만약 입금액 이상으로 인출한다면 중도해지로 간주해 소득세를 부과하니 주의하자.

요즘은 인출 가능한 금액만 알려 주는 증권사가 늘어나 계산을 번거롭게 할 필요가 없다. 예를 들어 납입 원금이 5천만 원, 수익이 1백만 원일 때 5천만 원은 자유롭게 중도인출 할 수 있다. 만약 계좌에 현금 없이 예적금, ELS, ELB, RP 상품 등으로 모두 가입했다면 일부가 아닌 전부를 해지해야 한다. 상품을 매도할 때는 수수료 또는 중도해지 페널티가 발생하면 그 금액을 제외하고 지급하므로 예상 금액이 달라질 수 있다.

그럼에도 ISA 계좌로 중·장기 종잣돈을 불릴 목적이라면 중도인출 빈도는 늘리지 말자. 인출한 금액만큼 납입 한도가 복원되지 않기 때문이다. 예를 들어 연간 2천만 원 한도를 모두 채우고 나서 원금 1천만 원을 중도인출했다면, 다음 날 추가 입금을 시도하더라도 이미 올해 납입할 수 있는 2천만 원의 한도를 채웠기 때문에 다음 해까지 기다려야 한다.

ISA 해지 전에
꼭 알아야 할 것

어느 날 은행 업무를 보러 갔다가 가입 권유로 홧김에 ISA 계좌를 만들고 후회한다는 이야기를 들은 적이 있다. 또는 스스로 위험 부담이 적은 신탁형으로 선택했지만 활용하기 어려워 방치하는 사례도 종종 보았다. 활용할 수 있는 금융상품 종류가 다양하지 않아 불편하다는 얘기도 있었다. 이외에도 다양한 이유로 기존 ISA 계좌를 중개형으로 바꾸고 싶을 수도 있다.

지금 갖고 있는 계좌를 굳이 해지하지 않고도 계좌 유형, 심지어 금융회사까지 변경할 수 있는 제도가 있다. 이를 '계좌 이전 제도'라고 한다. 이 제도를 이용하면 가입 기간을 유지할 수 있는 동시에 비과세 혜택까지 계속 받을 수 있다. 섣부른 해지보다 계좌 이전 제도를 활용하는 것이 여러 측면에서 볼 때 더 유리하다. 금융회사마다 계좌 이전 신청 메뉴가 있으며, 적극적인 고객 유치를 위해 관련한 이벤트도 다양하다. 계좌 이전 제도 이용 시, 신청 후 확인 전화까지 받아야 최종적으로 변경이 완료된다. 만약 의무가입기간을 다 채웠고 비과세 혜택 한도마저 전부 사용했다면, 계좌 이전보다는 만기 해지 후 재가입을 하는 것이 세금 활용에 유리하다.

여전히 대다수의 증권사는 현금 이전만 가능하다. 즉, 기존 ISA 계좌에서 운용하고 있는 금융상품을 매도하거나 해지한 후 현금으로 바꾼 상태여야 한다. 그러므로 홧김에 이전해서 손해 보지 말고, 시간을 두고 시장을 파악한 후 분위기가 좋을 때마다 정리하는 것을 추천한다. 가입 유지 기간이 정해진 상품은 약관과 계약서에 따른 보수, 환매수수료 등 차감하고 남은 금액을 이전한다. 펀드는 해지에 따른 환매수수료, 파생결합증권은 중도 상환 비용, 예적금은 중도해지로 인한 이자 손해 발생 때문에 실제 계좌에 입금되는 금액은 예상보다 적을 수 있다. 상품에 따라 환매 기간이 며칠 걸리는 것도 있으니 참고하자.

39

ISA 계좌로
공모주 투자해도 될까

ISA 계좌를 통해 공모주 청약에 투자할 때, 증권사 이벤트 중에서도 '우대 한도'를 늘려주는 혜택에 솔깃해지는 것은 당연하다. 하지만 당첨 확률도 아닌 우대 한도를 늘려주는 것이다 보니, 자금이 충분한 사람들만 솔깃해지는 이벤트다. 즉, 소액 투자가 가능한 균등 청약을 노린다면 이는 좋은 혜택이라 말하기 애매하다. 평소 공모주 투자에 비례 청약을 자주 하더라도 신중히 고민하는 게 좋다. 특히 신규 계좌는 개설한 지 1년이 넘지 않으면 최대로 투자할 수 있는 금액은 2천만 원으로, 비례 청약 투자 자금으로는 어정쩡한 금액일 수 있다. 또한 일반 계좌는 입출금이 자유롭지만, ISA 계좌는 납입 원금 안에서 인출할 수 있어도 납입 한도 복원이 어렵다는 단점이 있다.

예를 들어 ISA 계좌로 공모주를 청약할 시, 청약한도를 200%

까지 늘려주는 혜택이 있다고 치자. 비례 청약을 위해 한 번에 2,000만 원을 ISA 계좌에 넣어, 그동안 납입한 금액을 포함한 총액 4,000만 원으로 투자한다. 이후 배정받은 청약 주식과 남은 증거금을 계좌로 환불받는다. 이때 돌려받은 금액이 1,900만 원일 때, 다른 계좌로 인출하면 어떻게 될까? 이미 올해 ISA 계좌 한도 2,000만 원을 공모주 청약을 위한 자금으로 입금하면서 모든 한도를 채웠으니 계좌 잔고를 늘리고 싶어도 올해는 추가로 입금할 수 없다. 심지어 공모주 상장 후 원금과 수익까지 모두 인출하면 중도해지로 간주되어 15.4%의 세금을 내야 한다. 일반 계좌였다면 전혀 걱정하지 않아도 될 부분이다.

ISA 계좌를 따로 활용하지 않고 방치하고 있다면 공모주 청약 계좌로 사용할 수도 있다. 하지만 공모주 주관 빈도가 낮은 증권사라면 활용도가 떨어질 수 있다. 따라서 ISA 계좌는 공모주 청약보다는 절세 투자 계좌로 활용하는 것이 더 효율적이다.

40

ISA 계좌 만기 전
알아두어야 할 필수 상식

ISA 계좌는 만기가 있는 상품이다. 금융회사는 의무가입기간 만기 3개월 전부터 연장 의사를 문자, 톡, 전화 등으로 물어본다. 아직 비과세를 받을 수 있는 한도가 남아있다면 연장하는 것이 좋다. 증권사 애플리케이션에서 현재까지 비과세 사용 한도를 확인할 수 있다. 또한 지금 가입한 예금, 펀드, ELB, ELS 등 만기가 있는 상품은 계좌를 연장하지 않으면 만기일에 자동 해지 또는 환매가 이뤄진다. 이때 손해 보고 있거나 상품에 따라 유지 기간을 채우지 않으면 강제 손실 확정이다. 미리 만기 기간을 확인해서 억울한 비용 발생을 피하자. 만기 연장하면 증권사에서 9999년 12월 31일로 설정해 준다. 정해진 의무가입기간 3년이 지나면 언제든 자유롭게 해지할 수 있다. 자칫 미루다 연장 신청을 놓쳤다면 아쉽지만 빠르게 일반 계좌로 옮겨 정리하자. 이때 60일 이내 연금 계좌로 이전하면 추가 세액공제까지 받을 수 있다. 해지할 때 갖고 있는 종목을 모두 매도하고 현금 전환 후 이체할 수 있다. 증권사에 따라 실물해지를 통해 일반 계좌에 주식 자체를 옮길 수도 있다. 다만, ISA 계좌 혜택인 비과세는 받지 못하고 일반 계좌 조건에 따른다. 배당받아야 할 상품이 있으면 배당 수령 후 완전히 해지할 수 있다.

재가입 또는 연장 시점 기준으로 직전 3년 사이 금융소득종합과세 대상자였다면 연장이나 재가입할 수 없다. 지금은 서민형으로 가입했더라도, 연장하거나 재가입할 때에는 현재 소득 요건으로 다시 유형을 정한다는 점 참고하자.

3년마다 해지 후 재가입하기

ISA 계좌를 잘 활용하는 방법은 3년마다 해지하고 재가입하면서 비과세 혜택을 계속 받는 것이다. 첫 ISA 계좌는 제대로 활용하지 못해 3년간 비과세 한도를 모두 채울 수 없어 만기 연장했던 적이 있다. 총 5년 동안 운용하면서 절세 받을 수 있는 포트폴리오로 비과세 한도를 채워 해지했다. 한번 경험해 보니까 두 번째 ISA 계좌는 세제 혜택에 집중하며 활용하고 있다. 만기 자금을 IRP 또는 연금저축펀드에 넣어 연금으로 전환할 때 납입 금액 10%, 최대 300만 원까지 추가 세액공제를 받을 수 있다. 이때 중도인출할 수 있는 연금저축펀드부터 채워 넣자. 예를 들어 연금저축펀드에 3,000만 원을 넣고 추가 세액공제 받을 300만 원을 제외한 2,700만 원은 비과세로 인출할 수 있다. 평소 연금 상품을 잘 활용하고 있다면 ISA 만기 때마다 연금 계좌에 납입액을 늘리자. 아직 연금에 많은 돈을 넣어두기 부담이라면 3년에 한 번씩 300만 원을 넣어 노후 준비를 시작하는 방법도 있다. 연금 전환은 계좌 해지하고 60일 이내 완료해야 한다. 미루지 말고 바로 옮겨두자. 재가입할 때는 증권사에서 제공하는 ISA 계좌 가입 혜택이나 이벤트 등을 참고해서 정하자.

IRP 습관

2030부터 준비하는 금융상품, 연금

30대에 새롭게 시작한 재테크 중 하나는 '연금'이다. 20대는 눈앞에 있는 돈을 모으는 게 더 재미있었고 먼 미래보다 당장 눈앞의 현실이 더 중요했다. 노후는 일찍 준비하면 좋다지만 무엇보다 피부에 직접 와 닿지 않는다는 게 컸다. 그러다 어느 날 '나이가 들어 돈 때문에 꿈을 포기하는 일이 다시 발생할 수도 있겠다'라는 불안감이 문득 찾아왔다. 스무 살 때 재테크를 처음 시작하게 만든 그 감정과 비슷해서, 그저 단순한 해프닝으로 넘기긴 어려웠다. 그렇다고 무턱대고 금융회사에서 추천해 주는 연금 상품을 공부하지 않고 불쑥 가입하는 것은 내가 추구하는 재테크 성향과도 맞지 않았다. 그래서 그동안 막연하게 어렵다는 이유로 쳐다보지 않았던 노후 공부를 서른 살부터 본격적으로 시작하게 되었다.

현재 직장을 다니지 않는 프리랜서이자 개인사업자라 매년 5

월, 종합소득세를 신고하고 있다. 종합소득세 신고서 '기타 및 특별공제' 칸에 있는 '국민연금', '연금저축', '퇴직연금' 항목이 '0원'인 것을 바꿔보고 싶었다. 특별공제라고 하는데 나만 안 받는 것은 아닌지 궁금했기 때문이다.

노후와 관련한 금융상품은 매년 연말정산 시에 공제 혜택을 받을 수 있다. 그렇다고 모든 대상이 해당되는 것은 아니라서 조건을 미리 확인하는 게 중요하다. 젊을 때 얻은 세제 혜택과 운용 수익은 연금으로 수령할 경우 낮은 세금만 낸다. 심지어 그동안 공제 혜택을 받지 못했던 금액은 비과세로 돌려받을 수 있다. 혜택이 다양하지만 입출금통장처럼 마냥 자유롭지는 않다 보니, 지금 당장 쓸 수 없다고 생각하는 범위 내의 금액으로 연금에 특화된 금융상품에 가입하여 미래를 위한 목돈을 만드는 것이 현명하다.

일반적으로 연금은 3층 구조로 되어 있으며, 1층에는 직역연금과 국민연금, 2층에는 퇴직연금 및 노란우산공제, 3층에는 개인연금으로 나누어져 있다.

1층은 기초생활보장 구조로, 소득이 있는 대한민국 국민이라면 의무로 가입해야 한다. 국가가 운영하고 보장하는 국민연금이라는 뜻이다. 회사와 본인이 각각 연금액을 부담하고 근로자의 월급에서 자동으로 빠져나간다. 2026년부터 9.5%의 보험료율을 시작으로 매년 0.5%p씩 단계적으로 인상해 2033년은 13%까지 올라갈 예

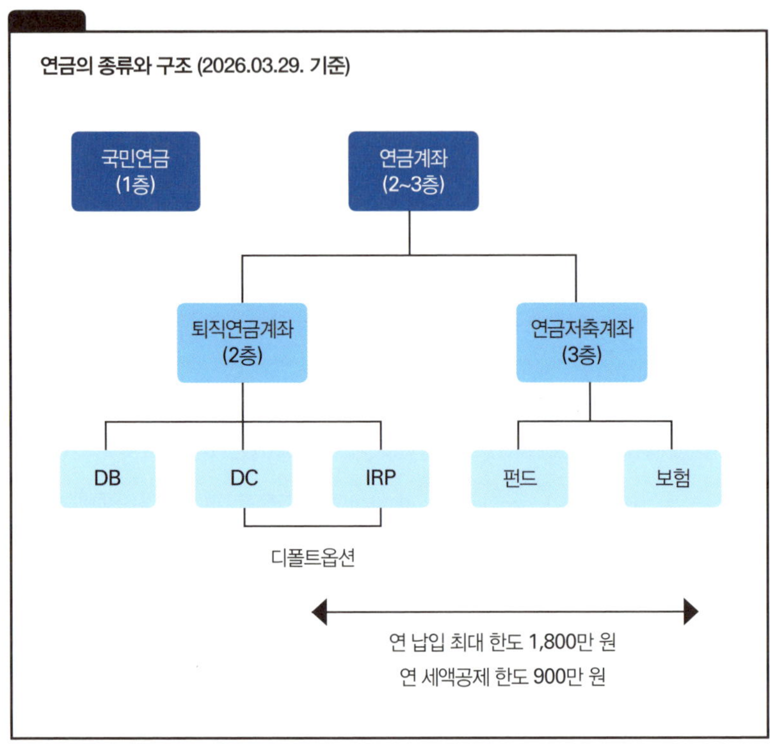

정이다. 추후 추가적인 연금 개혁을 통해 납입 비율 또는 기간이 변경될 수도 있다. 반면 회사에 소속되지 않은 프리랜서나 자영업자 등은 의무 가입으로 규정하지 않고 있다. 그래서 직접 가입할 경우, 연금액 일부를 내주는 회사가 없으니 근로자보다 본인 납부액이 2배나 많아 부담스러운 제도다. 그럼에도 물가상승률을 반영하는 연금 상품이라는 점에서 가볍게 여길 수 없다. 만약 연금을 스스로 준비할 수 없는 상황이라면, 국민연금을 통해 기본적인 노후를 고려하자.

직역연금은 공무원연금, 군인연금, 사학연금, 별정우체국연금의 네 종류로 나뉜다. 국민연금과 퇴직연금의 특성이 합쳐져 있으며, 10년 이상 재직할 경우 퇴직 이후 연금으로 돌려받을 수 있다. 만일 재직기간이 10년 미만이라면 일시금으로 반환받는다.

2층은 기업보장 구조로, 근로소득자라면 퇴직연금에 가입할 수 있다. 직장에 다니지 않아도 사업자등록증이 있는 자영업자나 프리랜서라면 노란우산공제에 가입하고 직접 별도의 퇴직금을 마련할 수 있다. 퇴직연금 종류에는 운용하는 주체와 방식에 따라 다른데, 기업이 운용하는 '확정급여형(DB)'과 근로자가 직접 운용하는 '확정기여형(DC)', 그리고 퇴직 후 퇴직금을 받거나 현재 소득이 있더라도 본인이 직접 추가 이체하면서 퇴직금을 만들 수 있는 'IRP'로 나눌 수 있다.

3층은 개인 납입 구조다. 여유 자금이 있거나 IRP 가입 자격에 충족하지 못해도 노후 준비를 따로 하고 싶을 때 활용할 수 있다. 현재 금융회사에서 판매하고 있는 개인연금 상품은 연금저축펀드나 연금저축보험처럼 '연금저축'이라는 단어를 포함한다. 의무 가입이 아닌 본인 의지에 따라 직접 개설해서 운용하는 상품이며 100% 자율성을 강조한다는 점에서 다르다. 2층의 IRP와 함께 세제

	연금 종류	한도 적용 여부
공적연금	국민연금, 공무원연금, 사학연금, 군인연금, 별정우체국연금	X
퇴직연금	퇴직금	
	본인 추가 납입액	O*
개인연금	연금저축펀드	
	(구) 개인연금, 연금보험	X

* 혜택받지 않은 금액은 연간 한도액 1,500만 원에 포함되지 않음

혜택을 받을 수 있다는 점도 특징이다.

이제 더 이상 국민연금과 퇴직금만으로 노후를 보장할 수 없는 시대가 왔다. 국가나 회사에서 받을 수 있는 연금만 믿기보다, 지금부터 개인적인 준비를 해두는 것이 중요하다.

현재 연금의 수령 한도액은 1년 기준 1,500만 원으로 정해져 있다. 지금의 2~30대들이 연금을 받는 시기가 올 때쯤엔 수령 금액이 더 늘어날 가능성이 크다. 내 미래를 위해 투자하는 돈이라 생각하며 일찍부터 운용 전략을 어떻게 세울지 고민해 보자.

국민연금은
반드시 가입하자

몇 년 전만 해도 국민연금에 대해 회의적이었다. 어느 날 '노후엔 어떤 모습으로 살고 있을까?'를 떠올렸을 때, 돈 걱정 없이 하고 싶은 일을 즐기면서 살고 있는 내 모습을 떠올렸다. 그런데 어떠한 사회적 보장제도도 없이 스스로 금융상품을 운용한다는 것은 많은 끈기와 의지가 필요하다. 혼자 저축하듯 돈을 모으는 방법은 강제성이 떨어지기 때문이다. 지금보다 몇 십년이나 뒤에 발생하는 '노후'라는 이벤트에 대응하기엔 택도 없었다. 가입자에게 이윤을 추구하는 금융회사가 아닌, 국가가 운용하면서 기본적인 보장까지 받을 수 있는 국민연금부터 제대로 공부해야 했다. 근로자라면 월급에서 국민연금이 자동으로 빠져나가기 때문에 크게 신경 쓸 필요가 없다. 하지만 자발적으로 지불해야 하는 프리랜서나 자영업자에게는 연금이 어떻게 굴러가는지 알아야 끝까지 유지할 수 있다.

갓 스물아홉이 된 날, 거주지 근처에 있는 국민연금공단에 전화를 걸어 당시 최저 납입 금액이었던 월 8만 원으로 지역 가입자를 신청했다. 이후 생일이 돌아올 때마다 그다음 금액으로 증액하고 있다.

 노후에 받을 수 있는 연금액은 '내 곁에 국민연금' 애플리케이션에서 확인할 수 있다. 지역가입자라면 직장가입자와 달리, 카드 결제 납부도 가능하다. 신용카드나 체크카드에 따라 수수료가 발생하지만 실적에 반영할 수 있는 카드로 혜택 받을 수도 있다. 노후에는 국민연금으로 한 달에 최소 100만 원은 받는 것이 30대가 끝나기 전까지 나의 목표다.

국민연금은 수입이 없거나 불규칙한 프리랜서, 자영업자, 전업주부, 대학생도 최저 금액으로 가입할 수 있다. 현재 가입 가능한 연금 상품 중 물가상승률을 반영해 주는 것은 공적연금밖에 없다. 그러므로 탄탄하게 자리 잡고 있어야 할 기본적인 노후 준비 수단이다.

나의 어머니는 현재 소득이 없지만, 60세가 되기 전에 국민연금을 임의가입자로 신청했다. 임의가입자란, 국민연금 의무 가입 대상은 아니어도 자발적으로 가입하는 경우를 말한다. 현재 생활비로 용돈을 드리는 대신 그 금액만큼 매달 국민연금으로 이체하고 있다. 의무가입자와 달리 해지 결정권도 본인에게 있어, 최소 가입 기간 10년을 채운 뒤에는 연금으로 받을 수도 있고 상황에 따라 조기 수령도 가능하다. 이번 기회에 자신의 가족 국민연금 현황도 다시 확인해 보자.

참고로 연금은 '연금소득세', 반환일시금은 '퇴직소득세'로 적용된다. 유족 또는 장애연금 및 사망일시금은 비과세다. 노령 연금에 소득세를 부과하는 이유는 국민연금을 납부할 때 소득공제를 받았기 때문이다.

내 연금 조회하기

금융감독원 통합연금포털사이트에 가입하고 1~2일쯤 지나면 현재까지의 연금 납입 상황을 확인할 수 있다. 직장가입자는 매달 월급에서 자동으로 연금액이 빠져나가, 꽤 많은 연금이 쌓여 있을 것이다. 반면 지역가입자는 회사 지원 금액이 없어 받을 수 있는 연금이 그동안 낸 것에 비해 그리 많지 않을 가능성이 높다. 또한 개인연금과 퇴직연금 월 수령액도 함께 확인할 수 있으니 1년에 한 번씩 점검해 보는 것을 추천한다. 새해 또는 생일마다 알아보면 잊지 않고 동기부여도 얻을 수 있으니 참고하자.

43

퇴직연금,
현재 내 위치는?

퇴직연금은 '확정급여형(DB)', '확정기여형(DC)', '개인형 퇴직연금(IRP)'의 세 가지로 구분된다. 확정급여형(DB)은 매년 연봉 인상을 기대할 수 있는 사람에게 적합하다. 회사가 퇴직금을 운용하면 근로자는 정해진 퇴직급여를 받는 시스템으로, 퇴직이 예정된 달로부터 3개월 전 평균 급여에다 근속연수를 곱한 금액을 받는다. 퇴직금 운용 책임이 회사에 있어 공격적인 투자보다 원금 보장에 중점을 두는 경우가 많다. 따라서 근로자에게는 위험 부담이 없는 대신 기대 수익률은 극히 낮다고 볼 수 있다.

확정기여형(DC)의 경우, 회사가 퇴직금을 매년 정산해서 근로자의 퇴직 계좌로 지급하면, 근로자 본인이 직접 관리하는 시스템이다. 어떻게 운용하는지 따라 미래에 받는 퇴직급여가 달라진다는 차이점이 있다. 현재 임금피크제 대상이거나 연봉 인상률이 낮

구분	DB형	DC형	IRP
수급 요건	퇴직 시		연금 : 만 55세 이상, 수령 기간 5년 이상 유지 일시금 : 제한 없음
운용 주체	회사	근로자(본인)	
제도 변경	DC형으로 전환 가능	불가능	
회사가 내는 부담금	퇴직 시점 평균임금 x 근속연수	연간 임금 총액의 12분의 1 이상	퇴직급여 또는 가입자(근로자 본인) 추가금
근로자가 받는 퇴직금	고정	변동 가능	퇴직급여 이전 금액 ± 운용 수익
수수료 부담 주체	사용자(회사)	노사 합의에 따라 부담 주체 결정	가입자(근로자 본인)
운용 지시	사용자(회사)	가입자(근로자 본인)	
추가 납입	불가	가능	
중도인출		가능(법정사유 충족 시)	

은 환경일 때, 또는 스스로 DB형 수익률보다 더 높은 수익을 만들 수 있다면 DC형의 장점을 적극 활용할 수 있을 것이다. 개인형 퇴직연금(IRP)은 퇴직금을 정산받는 계좌로써 익히 알려져 있다. 이 외에도 소득이 있다면 가입이 가능하니, 현재 퇴직연금 준비가 되어있지 않다면 개별 납입으로 운용하면서 퇴직금을 별도로 준비해보자.

이미 DB 또는 DC형으로 퇴직금을 운용하고 있다고 하더라도 IRP 계좌를 추가할지 고민할 수 있다. 소득이 높아 추가 세제 혜택이 필요하거나 노후 자금을 든든하게 준비하고 싶다면 연금저축펀드나 IRP에 추가 납입을 해도 좋다. 만약 현재 DB형이라 퇴직금 운용이 수동적이고 추가 개설로 적극적 투자를 원한다면 IRP보다 상대적으로 규제가 적은 '연금저축펀드'로 준비하는 것을 추천한 다. IRP는 퇴직금을 받거나 추가 세액공제 300만 원을 위한 용도로 만 사용해도 아직 충분하다. 따라서 이번 장에서는 IRP에 대한 충 분한 설명을 다룬 후, 다음 장에서 연금저축펀드를 설명하도록 하 겠다.

디폴트옵션은 DC형 또는 IRP에서 가능하다. 일정 기간 금리가 낮은 입출금통장에 자금을 방치할 때, 가입자가 사전에 지정한 운용 방법으로 투자한다는 제도다. 원리금 보장형과 원 리금 비보장형에 있는 여러 상품 중 선택할 수 있다. 다만 원리금보장상품으로만 구성한 디 폴트옵션 포트폴리오는 수익률이 오히려 물가상승률보다 낮을 수 있다. 디폴트옵션을 꼭 해야 한다면 TDF가 있는 상품으로 정하거나 아예 TDF ETF를 골라 직접 투자하자. 계좌 에 방치하지 않고 어딘가 가입하거나 투자했다면 당분간 디폴트옵션 관련 메시지는 오지 않는다.

44

IRP 계좌만의
매력은?

IRP 계좌는 본인이 해지하지 않는 이상 계속 보유할 수 있다. 퇴직금을 IRP 계좌에 넣어 유지하면서 퇴직소득세를 절감할 수 있는 혜택도 있으며, 소득은 있지만 별도로 퇴직금을 지급하지 않는 1인 기업이나 프리랜서, 자영업자 누구라도 가입할 수 있다. 즉, 국세청 소득금액 증명원에 1원 이상이라도 소득이 있다면 계좌 개설이 가능하다는 뜻이다. 퇴직금뿐만 아니라 연말정산에서 매번 세금을 토해낸다면 연간 900만 원의 한도로 16.5%(대상 조건에 따라 13.2%)까지 세제 혜택을 받을 수 있다. 총급여 5,500만 원 또는 종합소득 4,000만 원 이하라면 매년 원금 900만 원에서 연 16.5%인 148만 5,000원의 혜택이 발생한다. 기준 급여 또는 소득을 초과하면 세액 공제 13.2%, 그러니까 최대 환급액을 118만 8,000원까지 받을 수 있다.

IRP 계좌 특징 정리

구분	내용
가입 대상	소득 있는 누구나 및 퇴직급여 일시금 수령자 (단, 퇴직금 수령 60일 이내)
보유 조건	금융회사마다 1계좌씩 보유 가능 (여러 금융회사 중복 가입 및 이전 가능)
납입 형태	자유 납입
납입 한도	연간 1,800만 원 (퇴직연금 DC형, 연금저축 개인부담금 포함)
세액공제 한도 (연 900만 원 한도)	납입액에 대해 최대 16.5% *연간 총급여 5,500만 원 또는 종합소득금액 4,000만 원 초과는 최대 13.2%
투자상품	원리금보장상품, 펀드, ETF, 리츠, 채권, ELB, ELS 등 (은행, 증권사에 따라 취급하는 금융상품 다름)
연금 수령 조건	만 55세 이후 연간 연금수령한도 내에서 수령 (개인 납입금만 있는 경우 가입 기간 5년 이상 충족 필요)
분리과세 한도	연 1,500만 원 (지속해서 한도 늘어나고 있음) ● 연금소득세(5.5~3.3%)로 계산 : 본인이 낸 것 중 공제받은 금액, 운용 수익이 해당하며 분리과세라 종합소득세는 해당 없음 ● 한도 포함 안 되는 금액 : 국민연금, 공무원연금, 퇴직금, 본인 납입금 중 공제 안 받은 금액 ● 초과 수령할 경우 종합과세(6.6~49.5%) 또는 분리과세(16.5%) 적용
세금 부과	과세이연
중도인출	불가 단, 본인의 무주택자 주택 구입 등 특정 사유 발생 시 가능 (DC형 제도 인출 사유와 동일)
부득이한 사유	천재지변, 가입자 사망 또는 해외 이주, 파산, 3개월 이상 요양 등
부득이한 사유 인출 시 과세	연금소득세 5.5%~3.3%로 적용 후 무조건 분리과세
연금 외 수령 과세 (중도해지 포함)	기타소득세 16.5%로 적용 후 무조건 분리과세

연금저축펀드는 별도의 운용 수수료가 없고 취급하는 상품도 비슷해서 자주 거래하는 증권사를 고르는 것이 현명하다. 반면 IRP에 투자할 수 있는 상품 종류 및 수수료는 은행과 증권사마다 다르다. 상품 특성상 장기간 운용하는 만큼 미리 확인이 필요하다.

퇴직금을 받기 위해 처음 개설했다면 은행 IRP가 더 익숙하게 느껴질 것이다. 하지만 젊을 때일수록 증권사에서 적극적으로 투자하는 것이 유리하다. 은행과 증권사 모두 원리금 보장형 상품이나 펀드는 동일하게 취급한다. 하지만 거래소에 상장해 실시간으로 투자할 수 있는 ETF, 리츠 상품은 증권사 거래가 편하다. 은행 투자 시스템은 실시간 거래가 어렵고 당일 종가 기준으로 ETF를 매수해 다음 날 신탁 자산에 편입하는 방식인 '예약 매매'만 진행하기 때문이다. 간혹 증권사에 따라 ETF와 리츠 종목이 몇 가지 없는 경우도 있으니, 자기자본이 많은 메이저 증권사에서 연금 계좌를 개설하는 것을 추천한다. 이후 IRP는 퇴직금 수령이 다가올 때 접근성이 편한 은행 IRP에 이전하는 방법으로 활용해도 좋다.

또한 장기간 투자해야 하는 상품일수록, 고정으로 발생하는 수수료도 무시할 수 없다. 은행은 0.2~0.4%, 증권사는 0~0.3% 정도로 영업점이나 비대면 계좌 개설 환경에 따라 수수료 부과도 다르다. 비대면 계좌는 면제인 경우가 많고 펀드 상품은 일정 보수가 발생한다. 자산관리 및 운용관리 수수료는 연 0.1~0.2%며, 이 또한 예치 자산 규모에 따라 달라진다. 종종 금융회사에서 진행하는 IRP 운용 수수료 무료 이벤트 기회를 노려도 좋다.

따라서 금융회사마다 제공하는 이벤트와 혜택을 먼저 따져보자. 알아보기에 번거롭다면 앞에서 소개한 자기자본이 많은 증권사 중 내가 누릴 수 있는 혜택이 많은 곳을 선택하는 것도 방법이다. 예시로 IRP 입금 금액에 따른 상품권 지급, 공모주 청약 수수료 면제, 이전 제도 이벤트 등을 들 수 있겠다. 주기적으로 참여하면 백화점 및 모바일 상품권을 부수입으로 챙길 수 있다. 단, 영업점에 직접 방문하여 개설하는 방법은 거래 수수료가 꽤 비싸므로 애플리케이션 또는 홈페이지에서 비대면 개설을 적극 권장한다. IRP 운용 수수료는 회사 퇴직금과 본인 추가 납입금에 따라 다르게 부과되며 증권사마다 조금씩 차이가 있다. 내 계좌 상태를 확인한 후 더 저렴한 곳으로 선택하여 갈아타자.

45

IRP 계좌
개설 방법

1. 가입하고 싶은 증권사 애플리케이션에서 '퇴직연금계좌' 또는 'IRP 신청' 버튼을 누른다.

   **증권사에 따라 연금저축펀드, ISA계좌도 동시에 개설할 수 있다. 한번에 여러 가지 계좌 개설이 어렵다면, 퇴직연금(개인형 IRP) 단독 신청 메뉴를 선택한다. 퇴직연금(개인형 IRP)은 소득 증빙 서류 제출이 필요하여 개설만 되고 즉시 사용이 어려운 경우도 있으니 참고하자.

2. '계좌 개설 목적' 선택 창이 뜨면 선택한다. 복수 선택도 가능하므로 고민할 필요 없다. 증권사에 따라 해당 문구 선택이 없는 일도 있다.

3. 본인 확인을 위해 휴대전화를 인증한다.

4. 온라인 전용 계좌 또는 오프라인 영업점 계좌 중에 하나를 택한다.

**앞에서 설명했듯 연금 계좌는 낮은 수수료가 중요하기에 반드시 온라인 전용 계좌로 만들어야 한다. 증권사에 따라 온라인 계좌만 선택할 수 있는 곳도 있다.

5. 약관을 확인 후 동의한다.

6. 현재 본인 소득 상황을 고른다.

**소득 종류에 따라 추가로 제출해야 하는 서류가 달라진다. 자영업자로 선택하면 사업자등록번호, 직장인은 건강보험 자격득실확인서가 필요하다. 증권사에 따라 필요 증빙 서류를 모바일 또는 팩스로 제출해야지만 최종적으로 계좌를 개설할 수 있는 곳도 있으니 참고하자.

7. IRP 반환 계좌를 등록한다. 이는 계좌 해지, 중도인출, 연금 수령 등 개인형 IRP에서 발생하는 모든 금액을 반환 계좌로 입금해 준다는 뜻이다. 증권사에 따라 해당 순서는 생략하는 곳도 있다.

8. IRP 연간 입금 한도를 입력한다.

**모든 금융회사를 합산하여 연간 1,800만 원이다. 만약 IRP만 사용한다면 1,800만 원, 연금저축펀드와 같이 운용한다면 900만 원씩 임의로 설정하자. 금액 한도 설정은 필요에 따라 변경할 수 있으므로 오랜 시간 고민할 필요 없다.

9. 주민등록증 또는 운전 면허증을 준비해서 신분증 촬영 인증 단계를 거친다.

가입대상	증빙서류
퇴직급여제도의 일시금을 수령한 자	퇴직소득 원천징수영수증
확정급여형 퇴직연금제도 또는 확정기여형퇴직연금제도 가입자	퇴직연금제도 가입사실 확인서, 근로계약서, 재직증명서, 원천징수영수증, 건강보험 자격득실확인서 중 1가지 택일
자영업자	사업자등록증, 사업소득원천징수영수증, 소득금액증명원, 고용보험가입확인서, 산재보험가입확인서 중 1가지 택일 (카드설계사 및 보험설계사 등 수당직 사업소득자는 재직증명서 또는 위촉증명서 제출도 가능)
계속 근로기간이 1년 미만인 근로자	근로계약서, 재직증명서, 원천징수영수증, 건강보험 자격득실 확인서 중 1가지 택일
4주간 평균하여 1주간 소정근로 시간이 15시간 미만인 근로자	
퇴직금제도를 적용받고 있는 근로자	
'공무원연금법' 적용 받는 공무원	직역연금 가입자임을 확인할 수 있는 서류, 재직증명서, 건강보험 자격득실확인서 중 1가지 택일
'군인연금법' 적용 받는 군인	
'사립학교교직원 연금법' 적용 받는 교직원	
'별정우체국법' 적용 받는 별정우체국 직원	

10. 본인 확인을 위해 입금할 수 있는 은행 또는 증권사 계좌번호로 인증 번호를 입력한다.

**계좌 확인이 어렵다면 영상통화를 이용해 본인 확인할 수 있다.

11. 연금저축펀드와 달리 IRP는 직장 주소 및 연락처를 적는 칸이 있다. 만일 재택근무자라면 현재 거주 중인 주소지를

적는다.

12. 계좌 개설 1차 완료! 서류 제출이 필요한 증권사는 서류 확인 후 IRP를 활용할 수 있다.

**대부분 신규 가입을 연말에 많이 해서 12월 말은 서류 처리가 자칫 늦어질 수 있다. 불편함을 피하려면 12월 초에 마무리 짓자.

13. 세제 혜택을 받고자 한다면 12월 말일까지 해당 금액만큼 계좌에 넣어두자.

46

IRP에서는
어떻게 투자할까?

연금 계좌는 별다른 투자 없이 돈만 넣어도 연말정산에서 최대 900만 원까지 세액공제를 받을 수 있다. 그러나 계좌에 돈만 넣어 두고 운용하지 않으면 이자나 투자 수익은 거의 발생하지 않는다. 아직 노후가 멀게 느껴질 수 있지만 안정적인 노후 준비를 위해 젊을 때부터 적극적으로 활용하는 것이 중요하다. 또한 중도해지할 경우 세금 불이익이 발생하므로 장기 투자 계좌로 활용하기에도 적합하다.

IRP 계좌에서 투자할 수 있는 상품은 크게 원리금보장형과 실적배당형 두 가지로 나뉜다. 먼저 원리금보장형은 은행 정기예금, RP, 채권형 펀드, ELB, 현금성 자산 등 비교적 안정적인 상품을 말한다. 이러한 상품은 연금 자산 범위에서 100%까지 투자할 수 있다. 특히 은행·보험회사·우체국이 제공하는 원리금보장상품에 투자하면 수익률은 낮지만 1인당 1억 원까지 원금을 보호받을 수 있다. 이 보호 한도는 일반 계좌의 예금자 보호 한도 1억 원과는 별도로 적용된다.

다만 증권회사에서 판매하는 원리금보장상품은 해당 증권사의 신용으로 발행되는 상품이므로 예금자 보호 대상이 아니다. 따라서 증권사가 파산할 경우 원금을 보호받지 못할 수 있다. 그러나 자기자본 규모가 큰 대형 증권사를 이용한다면 이러한 위험은 상대적으로 낮다고 볼 수 있다. 반면 실적배당형 상품은 펀드(주식형 또는 주식혼합형), ETF, ETN, 리츠 등 시장 수익률에 따라 수익이 결정되는 투자상품이다. 원리금보장형보다 높은 수익을 기대할 수 있지만 손실이 발생할 가능성도 있다.

퇴직연금자산을 안정적으로 운용하기 위해 근로자퇴직급여보장법에서는 위험 자산 투자 한도를 정해 두고 있다. 이에 따라 실적배당형 상품에는 IRP 자산의 최대 70%까지만 투자할 수 있다. 나머지 30% 이상은 원리금보장형 상품으로 구성해야 한다. 예를 들어 IRP 계좌에 100만 원이 있다면 실적배당형 상품에는 최대 70만 원, 원리금보장형 상품에는 최소 30만 원을 투자해야 한다. 이때 투자 비율은 납입 원금이 아니라 현재 평가액 기준으로 계산된다. 따라서 주가 상승으로 실적배당형 자산의 평가액이 늘어나면 70% 비율을 초과할 수도 있다. 이 경우 원리금보장형 자산을 추가로 늘

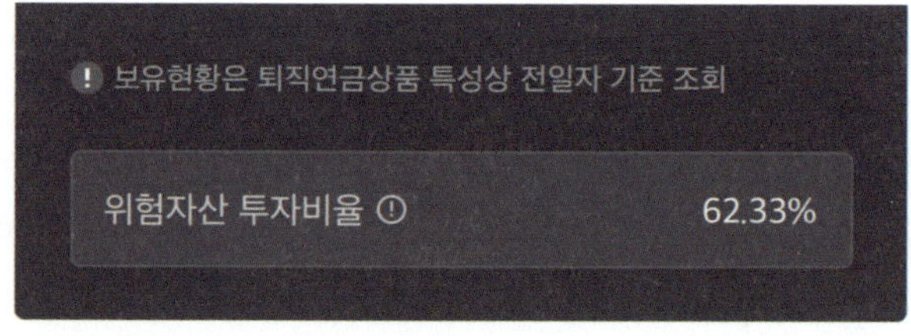

위험자산 투자한도에 근접할 시, 별도의 알림이 온다. 위험자산 투자비율은 애플리케이션에서도 실시간으로 확인 가능하다.

리기 전까지는 실적배당형 상품을 더 매수할 수 없다. 증권사에서
는 이런 상황이 발생하면 메신저나 이메일로 위험자산 비율이 70%
를 초과했다는 안내를 보내기도 한다. 하지만 이는 단순 안내일 뿐
이며 당장 조치를 취해야 하는 것은 아니다. 반대로 시장이 하락하
면 위험자산 비중이 자연스럽게 줄어들기도 한다.

IRP 계좌에서는 일반 주식계좌에서 투자할 수 있는 일부 상품을 거래할 수 없다. 대표적으로 파생형 ETF, 레버리지 ETF, 인버스 ETF, 그리고 해외 거래소에 상장된 개별 기업 주식(예: 엔비디아, 테슬라 등)이나 ETF(예: QQQ, SPY 등)가 이에 해당한다.

또한 ETF 이름에 '선물'이라는 단어가 포함된 상품도 대부분 거래할 수 없다. 이는 선물 ETF의 경우 파생상품 위험 평가액이 40%를 초과하는 경우가 많기 때문이다. 예를 들어 지수를 추종하는 선물(H) ETF, 외화 선물 ETF, 원자재 선물 ETF(금, 은, 석유, 구리 등)가 여기에 해당한다. 다만 ETF 이름에 '(합성)'이라는 표시가 들어간 종목은 투자할 수 있다. 합성 ETF는 파생상품을 활용해 지수를 추종하는 방식이지만, 연금 계좌에서 허용하도록 설계된 상품이기 때문이다.

IRP 계좌의 경우, 처음에 은행에서 개설하는 경우가 많다. 그러나 은행 IRP는 주로 펀드와 일부 ETF 중심으로 투자상품이 구성되어 있어 운용 선택의 폭이 제한적인 편이다. 반면 증권사 IRP는 ETF와 다양한 금융상품을 비교적 자유롭게 선택할 수 있어 연금 자산을 운용하기에 유리하다. 최근에는 증권사 IRP에서도 다양한 예금 상품에 가입할 수 있다. 만약 은행 IRP로 시작해 투자 선택의 제약을 느끼고 있다면, 증권사 IRP로 계좌 이전을 고려해 보는 것도 하나의 방법이다.

과세이연 효과란, 계좌에서 이자 및 배당소득이 발생하더라도 15.4%에 준하는 세금을 먼저 떼지 않고 연금으로 인출할 때 연금소득세(5.5~3.3%)로 부과하는 것을 말한다. 과세이연 효과는 크게 세 가지로 나뉜다.

첫째, 퇴직금을 IRP로 넣으면 퇴직소득세가 발생하지 않는다. 즉, 지금 당장 떼지 않은 세금만큼 재투자할 수 있다. 예를 들면 퇴직금 1억 원을 일반 계좌로 받을 때 퇴직소득세 500만 원이라고 가정하면 세금을 제외한 9,500만 원이 들어온다. 만약 IRP에 받으면 1억 원 그대로 입금되면서 세금으로 사라질 뻔한 500만 원은 투자 자금에 사용할 수 있다. 이후 연금 수령할 때 30~50%의 퇴직소득세 절감 효과가 있다.

둘째, 연금 계좌에서 투자로 얻은 운용 수익은 이자 및 배당소득세를 당장 부과하지 않는다. 예를 들어 은행에서 가입한 예적금은 이자소득세 15.4%가 빠진다. 일반 계좌로 배당받는 것 역시 배당소득세 15.4%가 발생한다. 그러나 연금 계좌는 연금 개시 전까지 비과세다. 이런 장점을 적극 활용하면 일반 계좌에서 투자하는 것보다 자산이 빠르게 늘어날 가능성이 높다.

셋째, 연금 수령 나이에 따라 5.5~3.3% 연금소득세를 부과하면서 절세 혜택을 받을 수 있다. 운용 수익에 대한 이자 및 배당소득세가 15.4%인 것에 비하면 낮다.

47

다른 증권사로
IRP 계좌를 이전하자

연금저축은 한 증권사에서 여러 개의 계좌를 만들 수 있지만, IRP는 증권사마다 1개씩만 개설할 수 있다. 만약 연금에 관한 정보가 부족하다면 주로 거래하는 금융회사나 회사가 정해준 곳에서 무심결에 첫 계좌를 개설하기 쉽다.

혹시 원치 않은 금융회사에 가입했다면 해지 대신 계좌 이전 방법이 있다. 은행보다는 증권사를 추천한다. 이전할 증권사에 직접 방문해 처리할 수도 있지만, 비대면으로도 충분하다. 신청하면 기존 금융회사에서 걸려 올 이전 의사 확인 전화만 받으면 끝이다. 그동안 기존 계좌에서 투자하고 가입했던 금융상품 일부는 중도해지나 매도하지 않고도 그대로 옮길 수 있다. 이를 실물 이전이라고 한다. 현재는 이전 가능한 상품이 한정적이지만 앞으로 점차 늘어날 것이다.

아직 이전하지 못하는 상품은 해지하거나 매도 후 현금으로 바꾼 상태에서 새로 가입한 계좌에 현금 이전을 신청한다. 이때 만기가 정해진 상품은 중도해지에 따라 기존에 받기로 했던 이자나 수익률보다 적어질 수 있다. 펀드는 현황에 따라 수익이 달라진다. 또한 연금저축보험이라면 해지환급금, 최저보증이율, 특약 여부 등을 반드시 확인하자. 다른 계좌로 옮기는 것은 시간을 두고 처리해야 손해를 줄일 수 있다. 절대 조급하게 정리하지 말자. 예를 들어 손해가 발생한 종목이 있어, 지금 당장 이전하기 어렵다면 수익까지 기다린 후 차례대로 옮기는 방법이다. 이전 제도가 귀찮을 수 있지만 오랜 기간 함께할 계좌이므로 꾸준한 관심을 가져야 한다.

1억 TIP

한눈에 보는 실물이전 가능 상품 VS 불가능 상품

☞ 실물 이전 가능한 상품

예금(은행, 저축은행, 우체국, 증권금융), 이율보증보험(GIC), 공모 펀드(MMF제외), 상장지수펀드(ETF)

☞ 아직 실물 이전 불가능한 상품

디폴트옵션, MMF, RP, 발행어음, 보험계약(당사 제공형), 리츠 등 이전할 금융회사에서 보유하고 있지 않으면 불가

48

중도인출,
부득이한 이유면 가능할까?

연금은 예·적금과 달리 장기간 운용해야 효과를 제대로 얻는다. 머리로는 알지만 지금 당장 혜택이 없으면 중도해지 유혹이 자주 찾아온다. 이런 고충을 국가도 알고 있어 연금 계좌에 납입한 금액 일부를 매년 연말정산 세제 혜택으로 돌려주고 있다. 반대로 중도해지에 대한 강력한 페널티도 있다.

IRP를 중도해지할 경우 퇴직소득세 100%, 공제받은 금액과 수익에 대해서 16.5%의 기타소득세가 발생한다. 퇴직소득세는 페널티로 볼 수 없지만 그럼에도 아쉬운 것은 어쩔 수 없다. 심지어 연 5,500만 원 이상 소득자일 경우 13.2%의 세액공제를 받은 혜택 그 이상으로 뱉는 것이라 금액적 부담이 꽤 크다.

심지어 연금저축펀드와 달리 IRP는 중도인출마저 제한적이다. 그렇다고 인출을 아예 못 하는 것은 아니다. 근로자퇴직급여 보

중도인출 가능한 경우

무주택자인 가입자가 주거를 목적으로 전세금 또는 전세보증금을 부담하는 경우 (가입자가 하나의 사업 또는 사업장에 근로하는 동안 1회로 한정)	기타소득세 16.5%
가입자 본인, 배우자, 가입자 또는 그 배우자 부양가족이 6개월 이상 요양 비용 필요한 경우 (중도인출은 연봉의 12.5% 이상 진료비가 발생할 경우)	연금소득세 (5.5~3.3%)
중도인출 신청한 날로부터 거꾸로 계산하여 5년 이내 가입자가 파산 선고를 받은 경우 또는 개인회생절차개시 결정받은 경우	
천재지변에 해당하는 재난 또는 그 외 재난	

장법에서 정한 사유에 해당하면 담보대출이나 DC형과 IRP 한하여 전액 또는 일부 중도인출을 예외적으로 허용한다. 이때는 연금소득세(5.5~3.3%)로 적용한다.

단, 본인 또는 부양가족 대학 등록금, 혼례비, 장례비 등은 담보대출만 가능하다. 가입자 사망, 해외 이주, 연금 계좌 취급의 영업 정지, 영업 인허가 취소, 해산결의 또는 파산 선고 등은 전액 해지만 할 수 있다.

49

연금 계좌는 목적에 따라 여러 개로 관리하자

중도인출이 제한적인 IRP는 보다 전략적인 관리가 필요하다. 금융회사마다 1개씩 만들 수 있다는 특징을 활용해 보자. 현재까지 퇴사를 2번 이상했다면 퇴직금을 여러 IRP로 쪼개어 관리한다. A 회사 퇴직금은 A 계좌, B 회사 퇴직금은 B 계좌로 따로 만들어, 퇴직금을 받은 횟수만큼 계좌를 각각 운용한다. 또 다른 방법은 여러 곳에서 받은 퇴직금이 소액이거나, 한 직장에 오래 근무했다면 IRP 1개로 뭉친다. 그 대신 본인이 추가로 납입하여 세액공제 IRP를 따로 만들자. 만약 55세 이후에 연금을 개시한다면, 그 계좌에 더 이상 추가 납입이 어렵기 때문이다. 만약 그때도 계속 일을 하고 있어 세액공제 납입이 필요한 경우라면 별도의 계좌를 개설해야 한다. 새로 개설할 시 5년 의무 납입 조건때문에 연금 활용에 제한적일 수 있으니, 가급적 미리 준비하는 것을 권장한다. 퇴직금만 있는 계좌는 퇴직연금으로 받는다. 이와 별도로 추가 납입한 금액은 세액공제 받은 것과 운용 수익을 연 1,500만 원 한도에서 추가 연금 수령 계획도 세울 수 있다. 계좌가 많으면 관리하기 어렵다고 느끼겠지만 자동 매매 투자 서비스를 활용해 자산을 운용하는 방법도 있다.

이렇게 나누지 않으면 급하게 돈이 필요할 때 퇴직금 전부가 들어있는 계좌를 중도해지할 수밖에 없다. 만약 계좌가 2개 이상 있다면 계속 유지할 계좌 1개만 남길 수 있다. 만일의 사태를 대비해 여러 가지 예금 상품으로 나누어 가입하는 것과 비슷한 이유다.

참고로 연금저축펀드도 비슷한 방법으로 관리할 수 있다. 이때는 세제 혜택 받을 계좌와 안 받을 계좌로 나눈다. 혜택받지 않는 계좌를 금융회사에 요청하면 연금 받을 때 비과세로 인출할 수 있다.

● **퇴직금이 있는 경우**

① 퇴직금 → IRP(1)

(퇴사할 때마다 새로운 IRP 개설해서 퇴직금 받기, 퇴직금 규모가 소소하면 1개로 뭉치기)

② 추가 납입금(세제 혜택용) → 연금저축펀드(1)(600만 원), IRP(2)(300만 원)

(세액공제 받기 위해 추가로 개설해서 운용)

③ 추가 납입금(비과세용) → 연금저축펀드(2)

(연말 정산 시 간소화 자료에서 0원으로 설정하면 세액공제 제외 가능하며 추후 인출할 때 비과세)

× **퇴직금이 없는 경우**

① 추가 납입금(세제 혜택용) → 연금저축펀드(1)(600만 원), IRP(1)(300만 원)

(세액공제 받기 위해 추가로 개설해서 운용)

② 추가 납입금(비과세용) → 연금저축펀드(2)

(연말 정산 시 간소화 자료에서 0원으로 설정하면 세액공제 제외 가능하며 추후 인출할 때 비과세)

연금저축 습관

연금저축펀드로
노후 준비하기

개인연금은 국가 또는 회사의 개입 없이 개인적으로 추가적인 노후를 준비하는 상품을 '연금저축'이라 말한다. 종류로는 연금저축신탁, 연금저축펀드, 연금저축보험이 있지만 2018년부터 연금저축신탁이 판매를 중단하면서 연금저축은 이제 펀드와 보험, 두 가지로 나뉜다.

연금저축펀드 VS 연금저축보험

상품	연금저축펀드	연금저축보험
판매처	증권회사	보험회사
납입방식	자유	정기
적용금리	실적배당	공시이율
원금보장	비보장	보장
예금자보호	비보호	보호

처음엔 노후를 준비한답시고 국민연금 납입에만 집중했었다. 그러나 소득이 꾸준히 늘면서 세금 혜택을 받을 수 있는 상품에 관심이 생겼다. 소득 증빙이 필요한 IRP와 달리, 연금저축은 소득이 없어도 누구나 가입할 수 있었다. 100% 투자 자산을 활용할 수 있다는 점 때문에 두 번째 노후 준비로 연금저축을 IRP보다 먼저 시작했다. 내가 연금저축펀드를 선택한 이유는 보험이 재테크보다 소비에 더 가깝다고 생각하기 때문이었다. 연금저축보험은 별도 수수료와 사업비가 발생하다 보니, 굳이 내지 않아도 될 비용 부담을 최소화하고 싶었다. 연금저축펀드는 대부분 증권사에서 가입할 수 있으며, 자기자본이 많고 다양한 이벤트를 자주 하는 메이저로 골랐다. 확실히 돈 많은 증권사가 혜택이 많다.

연금저축펀드의 특징

가입대상	소득, 나이 상관없이 누구나 가입 가능
보유조건	금융회사에 여러 계좌 보유 가능
납입한도	연 1,800만 원(IRP 및 연금저축상품 합산 한도), 자유납입
세액공제 한도	연 600만 원
투자상품	실적배당형 상품, ETF, 리츠
연금조건	만 55세부터 10년 이상 매년 정해진 연금 수령 한도에서 받을 때 연금소득세로 적용
세금부과	과세이연
중도인출	해지 없이 인출 가능

연금저축펀드는 어떻게 투자하는 게 좋을까?

연금저축펀드 역시 IRP처럼 계좌에 돈만 넣어도 연간 최대 600만 원까지 세제 혜택을 받을 수 있다. 그러나 장기간 노후 준비를 위해 사용할 돈이라면 계좌에 방치하기보다 투자를 조금씩 시작하면서 돈이 일하게 만들자.

투자할 수 있는 금융상품은 다양하다. 국내주식형펀드, 해외채권형펀드, 해외주식형펀드, 리츠, ETF(레버리지 및 인버스 불가, 선물 ETF 가능), TDF 등 주식, 채권, 원자재, 부동산, 글로벌 등 범위가 포괄적이고 100% 실적배당형 상품으로 투자할 수 있다.

IRP는 무조건 원리금보장형상품에 30% 이상 넣어야 하는 것과 장외채권, ELB 상품에 가입할 수 있다는 게 차이점이다. 연금저축펀드에서 원리금보장상품 가입은 어렵지만 비슷한 상품인 MMF 활용으로 대체할 수 있다.

51

금리가 낮은 계좌에 더 이상 방치하지 말자

연금 가입자 중에서 괜히 투자했다가 손해 볼까 봐 두렵거나, 방법조차 몰라 방치하는 경우가 대다수다. 연금 계좌의 금리는 연 0.75%로 낮은 편에 속한다. 몇십 년간 노후 자금을 모아야 한다면 이는 분명한 손해다.

투자계의 파킹통장인 금리형 ETF에 투자하면서 소소하게 수익을 내는 방법도 있다. 아직 ETF 투자에 대한 마음의 준비가 필요하다면 일반 계좌보다 금리가 더 높은 MMF 상품을 이용하자. MMF란 '머니마켓펀드(Money Market Fund)'의 줄임말로, 이름만 보면 펀드가 먼저 떠오르겠지만 펀드 중에서는 환금성이 가장 좋다. CMA 계좌처럼 MMF에 넣기만 해도 이자가 나오니, 묵혀뒀다가 투자할 곳이 생겼을 때 필요 금액만 환매를 신청하자. 그럼 남은 금액은 계속 이자가 붙을 것이다. 환매까지 며칠 시간이 걸리는 일반 편

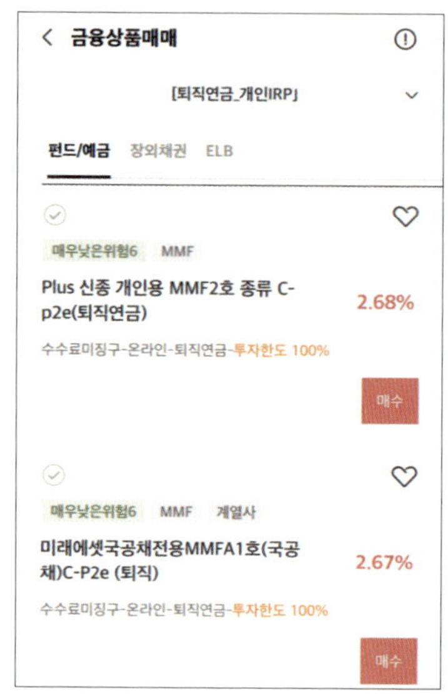

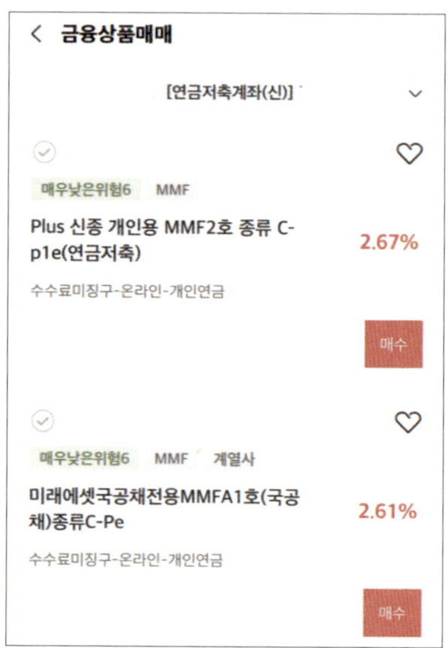

증권사 애플리케이션에서 'MMF'를 검색하면 퇴직연금 혹은 연금저축에서 가입할 수 있는 상품들을 확인할 수 있다.

드와 달리, 매도 접수 당일에 계좌로 입금받을 수 있다. CMA 계좌에서 RP 또는 발행어음 금융상품으로 옮겨 수익을 내는 구조와 비슷하다.

거래하고 있는 증권사 애플리케이션에서 'MMF'로 검색하면 여러 상품이 나온다. 대부분 성격이 비슷하니 순자산, 1년 수익률, 펀드 보수를 비교해 고르면 된다. 매매할 수 있는 시간은 증권사마다 차이가 있지만 대부분 영업일 기준으로 오전 8시부터 오후 5시까지다. 앞으로 일반 계좌에서 노는 돈은 없어야 한다는 것을 꼭 명심하자.

52

출금할 때 차감되는 세금 순서는?

연금 계좌 출금은 낮은 세율부터 빠지면서 세금 부과를 최소화한다.

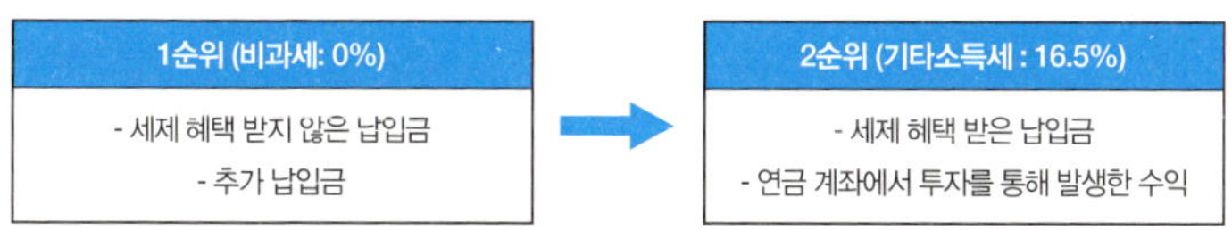

예를 들어 작년 연금저축펀드 계좌에 600만 원을 입금했고 올해 세액공제 받은 400만 원과 공제 혜택을 받지 않은 200만 원, 그리고 투자 운용 수익은 50만 원이라 치자. 급전이 필요해 올해 400만 원을 중도에 찾는다면 세금은 얼마나 발생할까?

먼저 공제받지 않은 200만 원은 비과세다. 나머지 200만 원은 혜택 및 수익이 발생한 납입금에서 16.5%의 기타소득세가 적용된다. 단, 올해 납입한 금액이 있다면 아직 세제 혜택을 받기 전이니 인출하더라도 비과세다. 총소득이 5,500만 원 이상일 경우 세액공제 혜택은 16.5%가 아닌 13.2%다. 하지만 출금할 때 1순위에 해당하는 금액은 비과세, 나머지는 16.5% 기타소득세라 손해볼 수 밖에 없는 구조다.

한 개의 계좌로만 관리하면 중도인출이 필요할 때 복잡할 수 있다. 깔끔하게 처리하기 위해 연금저축펀드를 세제 혜택 받는 계좌와 받지 않는 계좌 2개로 나누어 만들자. 비상금 목적으로 중도인출이 필요할 때, 혜택받지 않는 계좌에서 비과세로 꺼내 쓸 수 있다. 아무리 중도인출 비과세가 가능하더라도 노후보다 지금 당장 생계에 필요한 자금 마련이 우선이라면 무리한 납입은 피하도록 하자. 연금 계좌에 중도인출 또는 해지 페널티로 너무 많은 세금을 낸다고 느낄 수 있다. 하지만 이런 강제성이 없으면 제대로 된 노후 준비는 어려울 것이다.

이 과정은 막연한 노후를 선명하게 도와줄 가장 기본적인 단계임을 잊지 말자.

53

담보대출을
고민할 때

아무래도 중도해지를 고민하는 시기란, 집을 구매할 때와 같이 갑작스러운 목돈이 필요할 때다. 처음 가입할 때 오롯이 노후를 위한 자금만 넣자고 계획했더라도 예상치 못한 일들은 언제 어디서나 찾아온다. 하지만 중도해지는 세금 페널티가 있으니, 가급적이면 담보대출 제도를 권한다.

담보대출은 연금저축펀드만 가능하다. 펀드를 담보로 대출받는 것이라 ETF나 리츠, MMF가 아닌 펀드를 매수해야 한다. 아직 펀드를 매수한 게 없다면, 대출받기 전까지 연금저축펀드 계좌를 통해 펀드 상품에 가입해야 한다. 대출 금액 5,000만 원까지는 인지세가 없으니 엄청난 액수의 돈이 필요한 것이 아니라면 그 이하의 금액으로 신청하는 게 낫다. 담보대출은 중도 상환할 수 있고 수수료도 없다. 증권사마다 신청 방법, 조건 내용 등 세부사항이 조금씩 다를 수 있어, 가입한 증권사 안내를 참고하는 것이 가장 정확하다.

구분	내용
대출 기간	365일 (연장 가능)
대출 한도	연금저축계좌 안에서 펀드 평가금액의 50% (최대 4,000만 원 한도)
담보 유지율	대출금액의 140%
대출 이자율	연 5.0% (2025.06.04 기준 / 시장 상황에 따라 변동 가능)
대출 제한	연금지급개시가 된 계좌는 불가, ETF, MMF, 리츠 잔고 보유 시 불가
중도 상환수수료	없음

출처: 신한금융투자

토막 상식

부득이한 사유로 중도해지할 경우

부득이한 사유에는 천재지변, 가입자의 사망, 해외 이주, 파산 또는 개인회생절차 개시, 가입자 또는 그 부양가족의 3개월 이상 요양, 금융회사 영업 정지, 인·허가 취소, 해산결의, 파산선고 등에 의해 해지하는 경우다. 해당 사유를 인정받아 중도해지 시 16.5%가 아닌 5.5~3.3%의 연금소득세 분리과세를 적용한다.

만약 연금저축 가입자가 사망했다면 상속인인 배우자가 승계해서 연금으로 수령할 수도 있다. 이때 가입자가 사망한 월의 말일부터 6개월 이내에 신청해야 한다는 조건이 있다.

54

연금저축펀드, IRP
어떤 순서로 하면 좋을까?

퇴사 후 퇴직금을 한 번이라도 받아본 경험이 있다면, 연금저축보다 IRP 상품이 더 익숙하게 느껴질 것이다. 두 계좌는 55세가 넘었을 때 세제 혜택을 받으며 연금으로 수령하면 가장 좋다. 5년 만기 적금도 길게 느껴지는 사회 초년생에게는 머나먼 얘기처럼 들릴 수 있다. 그럼에도 노후 준비가 빠를수록 좋다는 것은 계속해서 강조하는 부분이다. 국민연금과 퇴직금만으로는 생활비가 부족해서 추가 납입까지 생각하는 게 요즘 추세이기 때문이다. 만약 이러한 고민이 시작되었다면 추가로 IRP를 개설할지, 새로운 연금저축펀드가 나을지를 비교해 봐야 한다.

내가 추천하는 1순위는 '연금저축펀드'다. 그 이유는 100% 실적 배당형으로 투자할 수 있기 때문이다. 이 경우, 혹시 모를 중도 인출 및 담보대출 가능성도 열어 둘 수 있다. IRP는 연금저축펀드에 세액공제 한도 연 600만 원을 채우고 추가로 300만 원을 넣을 여유 자금이 생겼을 때 개설해도 늦지 않다. 왜냐하면 원리금 30% 보장 규정때문에 투자 중심 포트폴리오를 세운다면 적극적인 매매가 힘들다. 그동안 IRP만 매매할 수 있었던 리츠도 연금저축펀드에서 투자할 수 있어서, 연금저축펀드의 매력이 한층 더 커졌다.

 그중 채권혼합형 ETF는 원리금보장상품이라 IRP에서 100% 투자할 수 있다. IRP 30% 비중을 너무 안정형으로 구성하지 않으면서도 수익을 낼 수 있는 좋은 방법이다.

연금 계좌를 운용한 지 어느덧 5년이 지났다. 그동안 겪은 여러 시행착오 끝에 하나둘 자리 잡아가는 실정이다. 지금 목표는 언젠가 세액공제 한도 이상으로 여유 자금을 넣어 노후에 힘쓰는 것이다.

구분	연금저축펀드	IRP
가입 자격	누구나	소득 있는 사람
연간 납입 한도	1,800만 원 (연금저축계좌, 퇴직연금 DC형 및 IRP 개인추가납입 합한 금액)	
연간 세액공제 한도	600만 원	900만 원 (연금저축 600만 원 포함)
세액공제율 및 공제액	· 총급여 5,500만 원 또는 종합소득 4,500만 원 이하 16.5% (연 900만 원 납입 시: 148만 5천 원) · 총급여 5,500만 원 또는 종합소득 4,500만 원 초과 13.2% (연 900만 원 납입 시: 118만 8천 원)	
연금 수령 조건	나이: 만 55세 이상 가입 기간: 5년 이상 (단, IRP에 퇴직금이 있는 경우 만 55세부터 바로 수령 가능) 연금 수령 최소 기간: 10년 (단, 10년 미만으로 수령할 경우 퇴직소득세 또는 기타소득세 과세)	
연금 수령 시 세금	· **세액공제 받지 않은 금액**: 비과세 · **IRP로 받은 퇴직금**: 퇴직소득세의 30~50% 감면 (종합소득 합산 안 함) · **세액공제 받은 금액+운용 수익**: 연금소득세 (5.5~3.3%) (연 1,500만 원 이하 수령은 연금소득세만 부담, 초과하면 종합과세 대상)	
일시금 수령 시 세금	· **세액공제 받지 않은 금액**: 비과세 · **퇴직금**: 퇴직소득세의 100% (종합소득세 합산 안 함) · **세액공제 받은 금액 및 운용 수익**: 기타 소득세 16.5% (단, 사망, 해외 이주, 3개월 이상 요양, 개인파산, 개인회생, 천재지변 등 부득이한 경우 연금소득세만 부담)	
포트폴리오 비중 (투자 가능 상품)	펀드, ETF(선물), 리츠, TDF 등 : 100% 실적 배당형	원리금 보장형(예금 포함), 펀드, ETF(현물), TDF, 리츠, 상장 인프라펀드, 채권, ELB 등 : 30% 원리금 보장형+70% 실적 배당형
ISA계좌 만기 전환 금액의 10% (최대 300만 원 한도)	만기일로부터 60일 안으로 전액 또는 일부를 연금 계좌에 입금할 때 추가 혜택 적용	
중도인출	가능	법정 사유 충족하면 가능, 그 외 해지만 가능
담보대출 및 압류	가능	불가능

연금, 매달 내야 할까?

IRP와 연금저축은 둘 다 자유롭게 납입하는 상품이라 본인 소득 상황에 따라 운용하는 것이 기본이다. 나의 경우, 혼자 노후를 준비하다 연금 상품의 존재와 혜택을 뒤늦게 알았다. 사업자를 등록한 그다음 해 연말에 연금저축펀드부터 가입했다. 납입 인정 기간이 1월 1일부터 12월 31일까지인 연금 상품 특성상 다음 해 세제 혜택을 받기 위해 며칠 안으로 300만 원이라는 목돈 납입을 해야 했다. 머릿속으로는 알고 있었지만, 갑자기 큰돈이 나가는 것은 노후를 위한 일인데도 부담이었다. 그 당시 한 달에 필요한 11~12월 생활비를 쓰는 것마저 어려웠다. 이런 일을 한 번 겪고 나니 다음 해부터 심리적 부담을 줄이기 위해 매달 적금 내듯 나눠 넣고 있다.

만약 여윳돈이 생겼는데 노후 때까지 쓰지 않을 목돈이라면 다른 곳에 소비하지 않고 곧장 세액공제 연간 한도까지 미리 넣는 방법도 있다. 하지만 사회 초년생일수록 쉽지 않다. 나의 경우 세금 신고를 하고 돌려받은 금액이 있다면 어차피 없었던 돈이었으니 소비 통장이 아닌 연금 계좌에 넣어 납입금을 조금씩 늘리는 방식을 선택했다. 또한 부수입이 생기면 5~10%만큼 추가로 낸다. 납입 금액이 부담스럽지 않아야 오랜 기간 유지할 힘이 생긴다. 근로자는 9월 이후 홈택스에서 연말정산 미리보기 서비스를 이용할 수 있으니 내년에 낼 세금을 미리 계산할 수 있다. 만약 세금을 내야 할 경우, 연말에 연금저축펀드, IRP 순으로 세제 혜택 받을 금액을 미리 계산하여 넣자.

55

연금 또는 일시금 수령,
어떤 게 좋을까?

지금부터 시작한다면 얼마나 받을 수 있을까? 연령대별로 연간 700만 원씩 냈을 때 수수료 및 세금 등을 제외한 금액으로 계산해 보았다. 먼저 50대는 연금을 개시하기 전까지 5년 정도 납입할 수 있다고 가정해 보자. 3,500만 원이라는 원금이 쌓인다. 운용 수익률이 3%일 때 원금과 이자를 합해서 3,823만 원, 5%면 4,061만 원이다. 이 경우 매달 받는 연금은 21만 원 정도다. 40대라면 15년 동안 납입할 시간이 생기고 원금만 1억 500만 원이다. 3% 수익률일 때 1억 3,410만 원, 5%면 1억 5,860만 원으로 늘어난다. 월 연금액은 74만 원이다. 30대부터 연금 납입을 시작했다면 25년간 납입할 수 있는 원금만 1억 7,500만 원이다. 3% 수익률은 2억 6,287만 원, 5%는 3억 5,079만 원으로 원금에서 2배 넘게 늘어난다. 한 달에 받는 연금은 145만 원이다.

이것이 '시간 복리 효과'로, 젊을 때 하루라도 빨리 연금 납입을 시작해야 하는 이유다. 늦게 시작하면 할수록 납입액을 무리하게 늘리거나 높은 수익률을 따라갈 수밖에 없다. 특히 연금 수령이 가까워질수록 조급함까지 생겨 위험한 상품에 투자할 가능성도 생긴다. 노후에 잘못된 투자는 만회하기가 매우 어렵다. 오히려 이때는 그동안 모은 자금을 안정적으로 유지하고 지키는 것이 더 중요할 테니 말이다. 하루 빨리 세액공제를 받을 수 있는 한도 900만 원 또는 연간 최대 납부 한도인 1,800만 원까지 넣어 관리해야 격차가 벌어진다. 내 경우, 노후에 수령 가능한 금액을 계산하고 가계부를 다시 점검하기 시작했다. 푼돈이라도 좋으니 불필요한 소비를 줄여 노후 자산을 늘리는 것이 목표다.

주택청약저축이 내 집 마련을 위한 장기 상품인 것처럼, 연금 또한 앞으로의 노후를 위해 장기간 운용이 필요하다. 그러니 이름에 걸맞게 연금으로 수령하는 것이 좋다. 납입할 때는 세제 혜택을 받고, 인출할 때는 연금으로 노후 생활에 보탬이 되는 것이다. 현재는 인출 한도가 연간 1,500만 원이지만 앞으로 한도 금액은 더 늘어날 것으로 예상된다.

연금은 상품의 특징에 맞게 만 55세 이후, 10년 이상 연금으로 수령하는 것이 가장 좋다. 연금을 언제 받느냐에 따라 세율이 조금씩 차이 난다. 퇴직금도 일시금으로 받으면 퇴직소득세를 100%

소득원천	연금 수령	일시금 수령
퇴직금 (퇴직소득)	- 퇴직소득세율 x 70% (연금 수령 10년 이하) - 퇴직소득세율 x 60% (연금 수령 10년 초과)	- 퇴직소득세 x 100%
추가납입 (세액공제O+운용수익)	- 55세 이상 ~ 70세 미만 : 5.5% - 70세 이상 ~ 80세 미만 : 4.4% - 80세 이상 : 3.3% (분리과세) *1,500만 원 초과하면 전액 종합과세대상	- 기타소득세 (16.5% 분리과세, 종합과세대상 X)
추가납입 (세액공제X)	비과세	

내야 한다. 연금으로 수령하면 10년 차까지는 퇴직소득세의 30%를 감면 받는다. 이후 11년 차부터 퇴직소득세가 40%로 낮아진다. 세율 적용 기간을 활용해 퇴직금 개시 첫해 연 1만 원으로 설정해서 10년 기간을 채우고, 11년 차부터는 세금이 10% 더 줄어든 퇴직금을 받으며 연금 생활을 즐길 수 있다. 퇴직금 절세를 효과적으로 활용하려면 비과세에 해당하는 연금 자금을 별도로 든든하게 만드는 게 우선이어야 한다. 국민연금을 받을 시기와 은퇴한 이후의 소득 공백은 추가 납입금에서 비과세로 받아서 사용하고, 퇴직금은 10년 뒤부터 꺼내쓰는 방법이다.

연 900만 원 이상의 세제 혜택 한도를 초과 납입했거나 연말정산 때 세액공제를 받지 않았더라도 아쉬워할 필요는 없다. 연금

또는 일시금으로 수령하더라도, 세제 혜택을 받지 않은 금액만큼은
비과세다. 즉, 세액공제를 받지 않은 금액을 먼저 인출하고 소진되
면 남은 연금액에서 운용 수익과 세액공제 받은 금액을 인출했을
때, 연금 수령 나이에 따라 연금소득세를 부과하는 방식이다. 연금
수령 시점에서 종합소득세가 발생할 경우, 연금 받는 시기를 미루
거나 일시금으로 선택하는 방법도 있으니 일찍부터 고민할 필요는
없다.

연금 준비하면서 많이 걱정하는 부분 중 하나는 연금 수령 때 종합소득과세 대상에 포함될지 여부다. 젊을 때 쓸 수 있는 목돈을 노후 준비에 투자했는데 자칫 세금을 더 많이 내야 할수 있다는 우려다. 현재는 연간 1,500만 원을 초과해서 연금을 수령할 경우, 전액이 종합소득과세 대상이다. 미리 연금 수령액 또는 수령 기간을 조정하면서 종합소득과세 부과를 피할 수 있다. 우리가 연금을 받을 때는 세법이 바뀔 수 있으니 미리 고민하지 않아도 되지만 큰 틀은 잘 익혀두자.

여기서 말하는 연간 1,500만 원 기준은 연금 계좌 안에서 세액공제를 받은 금액과 금융 상품 매매로 발생한 운용 수익이다. 즉, 공적연금에 해당하는 국민연금, 공무원연금, 사학연금, 군인연금과 퇴직연금에서 퇴직금, 2000년도 이전 판매된 상품으로 소득공제 혜택이 있는 (구)개인연금, 연금보험, IRP 및 연금저축에서 본인 추가 납입액과 세액공제 받지 않은 금액은 제외라는 말이다. 계좌가 여러 개 있으면 모든 금액을 포함해 계산한다.

인출 순서	종류	세금	종합소득세 적용 여부
1	세액공제 받지 않은 금액	비과세	X
2	퇴직금	퇴직소득세	X
3	세액공제 받은 금액	연금소득세	O
4	운용수익	연금소득세	O

연금을 수령할 때 인출 순서는 세액공제를 받지 않은 금액 → 퇴직금 → 세액공제 받은 금액과 운용 수익이다. 미리 증권사를 통해 종합과세 대상에 포함된 금액이 언제부터 인출되는지를 확인할 수 있다. 간혹 서비스 지원이 안 될 때 해당 증권사의 고객센터로 문의하면 인출 시기를 조정할 수도 있다. 우리가 연금을 수령할 시기에는 더 정교하게 시스템이 갖춰져 있을 테니 걱정하지 말자.

56

세액공제를
받지 못했을 때는?

이왕 연금 상품을 장기간 운용하기로 했다면 세제 혜택까지 받으면 좋다. 지금 당장 소비를 줄여 55세 이후 꺼낼 수 있는 상품에 무리해서 넣었는데 연말정산 혜택을 받지 못한다면 순간 억울한 마음이 들 수 있다. 작년 종합소득세 신고서에 있는 결정세액을 미리 확인하거나, 하반기에 제공하는 연말정산 미리보기에서 대략적인 세금을 알 수 있다.

'결정세액'이란 납부해야 할 세액을 말한다. 예를 들어 올해 500만 원에 해당하는 결정세액이 나왔다면 납부해야 할 세금은 500만 원이다. 이미 소득에서 공제하고 나온 기납부금액을 보면 1년 동안 납부한 세금을 확인할 수 있다. 만약 결정세액이 500만 원, 기납부세액이 600만 원이면 100만 원을 돌려받을 것이고, 400만 원이라면 100만 원을 추가 납부해야 한다.

사례 1)

A씨는 작년 IRP에 400만 원을 납입해서 300만 원 세액공제 받았다. 이때 공제받지 않은 100만 원은 '과세제외금액 세액공제 전환특례'로 신청하면 올해 납입한 금액으로 전환되어 세액공제 받을 수 있다.

사례 2)

B씨는 작년 연금저축에 600만 원 입금하고 400만 원만 세액공제 받았다. 이때 공제받지 않은 200만 원은 연금 수령할 때 비과세하기 위해 전환 신청하지 않았다.

신청 방법

1) 홈택스 증빙 서류 발급 : (홈택스 > 민원증명 > 민원증명발급신청 > 연금보험료등 소득·세액공제확인서)
2) 가입한 증권사 전화 또는 방문

만약 결정세액이 0원이라면 올해 연금저축과 IRP에 돈을 넣었다 하더라도 세액공제 혜택은 받지 못한다. 그렇다고 아쉬워할 필요는 없다. '세액공제 전환특례' 신청을 통해 다음 해로 금액을 이월할 수 있으니 말이다. 국세청 홈택스에서 연금보험료 등 소득·세액공제확인서 증빙 서류를 발급받는다. 작년 납입금을 올해로 전환하려면 올 7월부터 가능하다. 올해 납입금을 내년으로 전환하려면 내년 7월에 잊지 말고 신청하자.

전환 금액은 세제 혜택을 받은 것으로 변경되어 추후 연금을 수령하면 연금소득세로 반영된다. 즉, 아무런 혜택을 받지 않은 금액은 인출할 때 비과세로 간주되어 무조건 전환이 좋은 것은 아니다. 그러니 현재 상황에 맞게 이월 여부를 고민할 수 있다. 한 번에 일괄 신청하거나 금액을 나눠 내년과 내후년으로 분할하는 방법도 있다.

57

소득이 없는데
연금저축에 가입해도 될까?

개설할 때 소득 증빙이 별도로 필요한 IRP와 달리, 연금저축은 소득이 없는 전업주부나 대학생, 심지어 갓 태어난 아기도 가입할 수 있다. 다만 소득이 발생하지 않을 경우 세제 혜택은 없다. 그러나 노후에 쓸 돈을 미리 모으는 용도로 활용하기에 적합하다.

원금은 비과세로, 투자로 얻는 수익은 연금소득세로 계산하므로, 세금이 발생하는 금융상품을 운용하면 일반 주식계좌에서 거래할 때보다 더 큰 절세 효과를 얻을 수 있다.

심지어 세액공제를 받지 않았던 원금은 언제든지 비과세로 인출할 수 있으며, 추후 소득이 발생할 때는 공제 신청도 고민해 볼 수 있다. 요즘은 자녀 계좌로 연금저축펀드를 만들어 증여세 비과세 또는 과세이연 활용이 늘어나는 추세다.

대상	활용	혜택
직장인	연말정산 환급	연금저축과 IRP를 모두 활용하면 최대 연 900만 원, 연 16.5% 세액공제 (단, 총급여 5,500만 원 초과하면 13.2%)
군인, 공무원, 사립학교 교직원 등	공적연금 보완 수단 및 세액공제	
자영업자, 프리랜서	5월 종합소득세 신고할 때 세금 부담 감소	직장인과 혜택 동일 추가로 노란우산공제까지 활용하면 최대 연 600만 원 별도 소득공제
전업주부	배우자 노후에서 발생하는 연금과 별도 준비	소득이 없어 세제 혜택은 없지만, 연금으로 찾을 때 운용 수익에 대해 연금소득세 혜택 적용 (연금저축펀드만 가능)
금융소득종합과세 대상자	연 1,500만 원 초과하면 종합과세 또는 분리과세 16.5% 중 유리한 쪽으로 선택 가능	연금 계좌에서 발생하는 이자 또는 배당은 과세이연, 연금으로 받으면 연금소득세 혜택 적용
(손) 자녀 증여 수단	증여 공제(19세 미만 10년간 2천만 원) 로 세금 없이 증여	- 월 16만 원씩 10년간 납입 - 월 18만 원씩 10년간 적립식 증여하면 연 3%로 할인한 현재가치로 평가 가능

연금저축, IRP에 투자할 수 있는 금융상품

상품 종류		IRP	연금저축	
			펀드	보험
실적배당상품	펀드		O	
	ETF, 리츠			
	실적배당보험			X
	ETN, 인프라펀드	O		
원리금보장상품	예금		X	
	ELB			
	보험			O

누군가의 도움이나 관련 공부 없이, 이것저것 찾아보면서 스스로 연금 상품을 운용할 수도 있다. 하지만 막상 수많은 금융상품을 마주하면 시작하기도 전부터 막막하다. 처음에는 유명 투자자가 언급한 종목으로 수익을 얻기도 했다. 반대로 몇 년 동안 마이너스가 지속되는 종목도 생기기 시작했었다. 아무래도 주도적으로 고른 종목이 아니라서, 주가 등락 폭에 따라 유지 여부를 매번 고민했었다. 나는 이 시기쯤부터 누군가의 추천이 아닌, 조금은 느리더라도 직접 공부하고 있다.

노후 계좌의 장점은 인출 조건이 까다롭다는 것으로, 긴 호흡으로 투자할 수 있다. 앞으로 내 노후를 책임져 줄 투자 자산이므로 처음 1~2년은 소액으로 다양한 상품을 투자해 보자. 이 과정에서 계속 모아가도 좋은 종목이나 상품과 그렇지 않은 걸 골라내 나만의 포트폴리오를 만들어 보자. 현재는 트렌드에 민감한 종목이나 상품보다는 지수 투자에 비중을 많이 두고 있다.

58

자영업자도
퇴직금을 받을 수 있다?

직장인은 회사 퇴직금 제도를 활용하면 노후 준비가 반강제적으로도 가능하다. 하지만 자영업자, 프리랜서 업종은 스스로 준비해야 하는 불편함이 있다. 처음엔 국민연금과 별개로, 수입의 15%를 금리가 상대적으로 높은 CMA 계좌나 고금리 파킹통장에다 모았다. 하지만 이 방법은 100% 자율성이 필요해 큰 도움을 받지 못했고, 이후 세제 혜택이 있는 연금저축펀드와 IRP를 이용했다. 투자가 익숙하지 않았던 초반에는 오히려 직접 관리한다는 것 자체가 단점이 되었다.

회사에 다니지 않고 노후를 준비하는 방법이 없을까를 고민하던 찰나, 개인사업자로 등록하면서 '노란우산공제'라는 제도를 알게 되었다. 중소기업중앙회에서 운영하는 소기업이나 소상공인을 위한 퇴직금 제도로, 사업자 등록증만 있다면 누구나 가입할 수 있다.

노란우산공제는 보험과 달리, 사업비가 없고 납입 금액 전부에 대해 연 복리 이자로 받을 수 있다. 다만 DB형처럼 원금이 보장되는 저축 비중이 커, 많은 이자를 기대하기 어렵다. 노란우산공제는 이자보다 소득공제 혜택과 강제로 묶이는 원금 효과가 더 크다. 또한 소득금액에 따라 받을 수 있는 소득공제 한도도 달라진다.

노란우산공제는 연금저축이나 IRP처럼 매해 12월 31일까지 1년간 납입한 금액 기준으로 최대 600만 원까지 소득공제를 받을 수 있다. 심지어 연금 계좌와 중복으로 세제 혜택이 가능하다. 납입 방법은 한 달 단위(월별) 또는 3개월 단위(분기별)의 두 가지 중 택일하고 나중에 변경할 수 있다.

그 당시 노란우산공제의 존재를 뒤늦게 알았지만, 당해 당장 적용받고 싶어 12월 말쯤 부랴부랴 가입했다. 10월~12월 사이에 가입하면 분기별 납입으로 최대 300만 원까지 넣을 수 있다. 만

사업(또는 근로)소득금액	소득공제 한도
4천만 원 이하	600만 원
4천만 원 초과 6천만 원 이하	500만 원
6천만 원 초과 1억 원 이하 (*법인대표자는 총급여 8천만 원 초과 시 소득공제 불가)	400만 원
1억 원 초과	200만 원

약 최대 소득공제를 받고 싶으면 3분기인 7~9월 안에 가입하자. 최대 한도 600만 원까지 소득공제 혜택을 받을 수 있다. 3번째 이체 후 고객센터로 연락하거나 홈페이지로 접속하여 납입 금액과 방법을 바꿀 수 있다. 1월부터 분기별 300만 원에서 월 50만 원 납입으로 금액을 낮추고 방법도 바꿨다. 가입하고 2년까지는 소득공제 혜택을 받는 것에 초점을 맞췄다. 나의 경우, 점차 사업이 안정적으로 자리 잡으면서 퇴직금 만드는 것에 집중하고 있다. 향후 계획은 갑자기 급전이 필요할 때 그동안 납입한 돈 일부를 담보로 대출할 수도 있으니 사업을 접을 때까지 납입할 생각이다.

가입하고 한 달 안에 노란우산공제 사이트에서 희망 장려금을 신청하면 1년간 지자체가 납부액을 소액 지원해 준다. 지원 금액은 지자체마다 다르다. 단, 그해 예산이 없으면 받지 못하므로 현재 지원하고 있는지 미리 확인하고 가입하자. 12월 말에 가입했을 때는 9월에 이미 예산 소진으로 지원금을 받지 못했었다. 다음 해 4월에는 지원받지 못한 작년 대상자도 신청할 수 있다는 소식에 1년간 총 24만 원을 추가로 받았다.

노란우산공제는 소득공제 혜택이 있는 만큼 중도 해지하면 납입 기간과 이유에 따라 세금 적용이 달라져 돌려받는 금액이 꽤 많이 차이 난다. 폐업이나 사망, 노령 등의 사유라면 퇴직소득세를 적용, 그 외는 기타소득세(16.5%)로 과세한다. 기타소득세는 연간 금액 300만 원을 넘을 때 종합과세 신고가 필요하므로 신중하게 해지하자. 홈페이지에서 지급 예상액을 확인할 수 있다. 공제금 수령 후 60일 이내에 연금저축 또는 IRP로 이체를 신청하면 연금 전환까지 가능하다. 가입한 날로부터 30일 이내에는 수수료 없이 전액 환급으로 계약 철회할 수 있으니 참고하자.

노란우산공제 역시 연금저축, 퇴직연금처럼 노후 준비를 위한 장기 계획이므로 단순하게 소득공제 혜택만 보고 섣불리 가입하는 것은 추천하지 않는다. 사업하다가 뱉어내는 세금이 생겨 공제 혜택의 필요성을 느꼈을 때 시작해도 전혀 늦지 않으니 말이다.

7

금 투자 습관

59

금테크로
안전 자산 운용하기

2019년부터 새롭게 갖게 된 취미 중 하나는 금과 은에 투자하는 것이었다. 내게 금과 은이란, 초등학생 때 IMF가 터져 금 모으기 운동으로 냈던 돌 반지, 20대 때 친구와 맞춘 18K 우정 반지와 팔찌처럼 귀금속에 해당하는 액세서리뿐이었다. 드라마나 영화에 나오는 묵직한 골드바와 실버바는 그저 부유함의 상징일 뿐, 나와는 직접적인 관계가 없다고 생각했다.

30대가 갓 되었을 무렵, 우연히 로버트 기요사키의 《페이크》를 읽고 나서 '금과 은'에 대한 관점이 달라졌다. 책에서 말하길, 미래에는 화폐가 무용지물이 되어 존재를 인정받지 못하는 세상이 올 수 있다고 했다. 그러면서 '진짜 자산'인 금과 은을 든든한 지원군처럼 사용하기 위해 평상시 보험이라 생각하고 꾸준히 모아야 한다는 말이 가슴에 와닿았다. 그동안 금과 은을 투자자산으로 생각하다 보니 가격이 오르면 비싸서 못 사고 떨어지면 더 내려갈까 봐 못 사면서 결국 아무것도 못 한 채 시간만 보냈다. 관점만 살짝 비틀었을 뿐인데 금과 은을 지속해서 모아야겠다고 다짐하게 한 인생 책이다.

하지만 책을 읽고 난 후에도 실천으로 이어지기란 좀처럼 쉽지 않았다. 금과 은을 직접 경험해 본 적이 없어 어떻게 접근해야 할지 몰랐기 때문이었다. 특히 이들은 경기가 좋지 않거나 혼란스러울 때 바로 가격이 반응하는 자산 중 하나라 더 막막했다. 심지어 달러의 움직임에 따라 시세가 시시각각 변하기도 한다. 달러 화폐의 가치가 떨어지면, 달러의 단기 대체재인 금값은 상승할 확률이 높다. 또한 반대 상황이라면 금값은 떨어진다. 최근에는 달러와 금이 같은 방향으로 움직이는 빈도가 늘어나면서 무조건적인 공식은 없어지는 추세다.

투자 또는 보험 자산 등 관점에 따라 접근성이 완전히 달라지기 때문에 먼저 본인이 어떻게 금을 활용할지 정하는 게 우선이다. 추가로 다른 재테크 자산보다 살 때와 팔 때 가격 차이가 심해 단기 차익보다는 장기적인 접근이 필요하다는 것도 알아두자. 나는 로버트 기요사키가 말한 것처럼 금을 투자가 아닌 '보험'이라 생각하면서 꾸준히 모으는 것을 선택했다. 이 책에서는 금과 은, 그리고 투자와 보험 단어를 '금 투자' 하나로 명칭을 통일한다.

현물 투자 VS 간접 투자

- 현물(실물) 투자 : 액세서리(귀금속), 골드바 등
- 간접투자 : 골드뱅킹, 금 펀드, 금 ETF(국내, 해외), KRX금시장 등

현물(실물) 투자인 골드바는 생활비가 급하게 필요하지 않은 이상 보험처럼 계속 모아가야 한다. 원화 가치가 떨어져서 금으로 교환했다면 다시 원화로 바꿀 이유는 없기 때문이다. 반면 간접투자는 금값 변동에 따라 차익을 얻으면서 원화가 늘어나는 방법이다. 골드바 구매 비용이 부담이라면 금값 투자에서 얻은 이익으로 골드바를 구매하면서 첫 투자를 시작할 수 있다. 아직 금에 대한 가치가 와닿지 않거나 순자산이 1억 원 이하일 경우, 매매차익을 통해 원화 자산부터 늘리는 것을 권장한다. 현재 나는 금을 보험 자산과 투자자산으로 함께 모으고 있다. 미니멀한 생활을 추구하지만 골드바는 예외로 수집하고 있다.

60

은행에서 가입할 수 있는 골드뱅킹과 금 펀드

골드뱅킹(골드투자통장)

은행에서 금 투자하는 방법은 골드뱅킹 상품에 가입하는 것이다. 그날 금 시세에 따라 금 보유량(g)으로 금 전용 계좌에 적립해주는 방식이다. 은행마다 금값은 조금씩 차이 나며 대부분 0.01g 단위로 구매할 수 있다. 다만 국제 금 시세로 계산하다 보니, 달러 환율도 고려해야 한다. 거래 시점 기준의 금 가격과 환율을 적용해, 1g당 원화 가격으로 바꿔 기준가격을 정한다. 수수료는 기준가격의 1g당 1%가 발생한다. 은행은 고객 계좌에 입금된 돈으로 실물 금을 사는 게 아니라, 같은 금액만큼 외국 은행에 개설한 금 통장 계좌로 달러를 넣는다. 이런 이유로 금값뿐만 아니라 원·달러 환율 변동에 따라 보유하고 있는 금 무게도 달라질 수 있다.

입출금통장이랑 비슷해 보이지만 통장 잔액에 대한 이자는 없다. 투자상품이라 예금자 보호도 받을 수 없는 금 전용 통장이다. 상품 구성에 따라 자동이체를 통한 적립식, 혹은 한 번에 묵혀두는 예금 등으로 나뉜다. 골드뱅킹에서 매매차익을 얻으면 15.4%를 원천 징수하고 금융소득종합과세에 포함한다.

모은 금을 실물 골드바로 찾을 수 있지만, 이 경우 10% 부가세와 수수료 1% 정도의 추가 비용이 발생한다. 계산해 보면 구매한 가격에서 최소 11% 이상 금값이 올라야 본전인 셈이다. 실물 금으로 신청하면 1주일 후 은행 영업점에서 받을 수 있다. 수수료처럼 부수적인 비용이 발생하니 단순 매매차익만 노리는 것보다, 계속 모아가면서 보험처럼 활용하자.

금 펀드

금 펀드란, 은행이나 증권사에서 금값 또는 관련된 기업에 투자하는 것을 뜻한다. 예를 들면 A 금 펀드는 금광업뿐 아니라 귀금속, 광물 등 기초 금속 분야와 관련된 기업에 투자하는 것으로, 실제 금값의 움직임과는 직접적인 관련이 없다. 오히려 펀드 포트폴리오에 포함된 기업 실적이 영향을 미친다. B 금 펀드는 대표적인 원자재 지수인 'S&P GSCI Gold Index'를 추종한다. 금 가격과 가까운 상관관계를 갖고 있어, 금값과 비슷하게 움직인다. 금 실물에 투자하는 효과를 얻고 싶다면 금값 지수를 추종하는 B 금 펀드를 골라야 한다. 매매차익을 얻으면 15.4%를 원천징수하고 금융소득 종합과세로 포함한다. 투자하기 전 펀드가 어떤 종목으로 구성되는지 확인하자. 또한 펀드 상품 특성상 중도 해지할 때 손해가 발생할 수도 있으니, 가입 전에 유의 사항을 꼭 확인해야 한다.

61

금도
ETF 투자가 가능하다

주식처럼 실시간 매매가 가능한 ETF에서도 금에 투자할 수 있다. 운용 수수료 및 총보수는 금 펀드보다 저렴하다. 국내 또는 해외 ETF처럼 금 ETF도 상품마다 추종하는 지수와 구성하고 있는 자산이 조금씩 다르다. 금 ETF라고 해서 금으로만 구성하지 않는다. 예를 들어 'S&P GSCI Gold Index Total Return(TR)' 지수는 금 현물이 아닌 COMEX 미국 상품 거래소에 상장한 금 선물 가격을 연동한다. 'S&P GSCI Precious Metals Index Total Return(TR)' 지수의 경우, 금뿐만 아니라 은도 투자하고 있어 은 가격에 영향받는다.

현재 국내에 상장한 KODEX 골드선물(H), TIGER 골드선물(H)은 국제 금값 지수인 S&P GSCI Gold Index TR 지수를 따른다. 앞서 설명했듯 상품명에 (H)가 붙어있으니 환헤지 상품으로 볼 수 있다. 환율 변동을 제거하는 동시에 미국 상품 거래소 골드 선물 가격인 국제 금 시세를 반영한다. 이럴 때 국제 금 가격은 하락하고 환율이 급등하더라도 환율 변동성을 제거했기 때문에 투자한 ETF는 하락한다. 달러와 금값이 모두 상승할 때는 수익률 측면에서 아쉬울 수 있다. 반대로 생각하면 금값만 영향을 받기때문에 달러가 하락할 때 지수를 방어할 수 있다.

금 선물 ETF 외에 국내 금값을 기초 지수로 하는 ACE KRX 금현물 ETF도 있다. 상품명에 (H)가 없는 환노출형으로, 달러 상승에 따른 수혜도 함께 누릴 수 있다. 금 ETF 중 퇴직연금계좌에서 투자할 수 있는 상품으로 알려져 있다. 국내 주식형 ETF는 매매차익에 대한 과세는 없지만 국내 상장한 금 ETF는 15.4%의 세금이 발생한다. 퇴직연금계좌는 절세 효과를 얻을 수 있어 노후 자금 마련을 위한 자산 배분으로 투자하는 비중이 늘고 있다.

상품명	KODEX 골드선물(H)	TIGER 골드선물(H)	ACE KRX 금현물
기초지수	S&P GSCI Gold Index (TR)		KRX 금현물 지수
코드번호	132030	319640	411060
순자산 총액	4,406억 원	1,337억 원	4조 7,578억 원
상장일	2010.10.01	2019.04.08	2021.12.15
배당금	없음		
총보수	연 0.68%	연 0.39%	연 0.19%

(2026.03.25. 기준)

티커	GLD	IAU	GLDM
운용사	SPDR	iShares by BlackRock	SPDR
자산규모	1,540억 USD	697억 USD	219억 USD
상장일	2004.11.18	2005.01.28	2018.06.26
배당금	없음		
총보수	연 0.4%	연 0.25%	연 0.10%

(2026.03.25. 기준)

해외 상장 금 ETF는 해외 주식과 세금 체계가 같으므로 1년 간 발생한 수익 250만 원을 공제 후 초과한 금액은 22%의 양도소득세를 낸다. 만약 수익이 250만 원 이하라면 비과세로, 초과할 때는 다른 해외 주식 수익과 합하여 계산한다. 현재 해외 주식도 함께 투자하고 있다면 연말에 비과세 한도 확인이 필요하며, 달러 상승기에는 해외 ETF를 매매하는 것만으로도 달러 투자 효과를 볼 수 있다. 예를 들면 해외 금 ETF 상품 중 'GLD'가 LBMA PM Gold Price 지수로, 영국 런던 금고에 있는 실물 골드바 가격을 반영하는 것처럼 말이다. 운용보수는 높지만 시가총액 1위인 ETF에 안정적으로 투자하고 싶다면 GLD을 추천하며, 거래량이 많고 운용보수가 중간인 IAU, 혹은 운용보수가 가장 낮은 GLDM 등 본인의 투자 성향에 따라 골라 보자.

62

KRX 금시장으로
금을 주식 투자하듯

"금도 개별종목 주식 투자하듯 거래할 수 있을까?"

"금 가격 변동에 따라 매매차익을 얻고 싶은데, 은행이나 증권사에서 판매하는 골드뱅킹이나 펀드가 아닌 상품은 없을까?"

이런 아쉬움을 충족시키는 금 투자상품이 바로 KRX금시장이다. KRX금시장은 실시간 매매가 가능하다. 개별종목 또는 ETF 거래 경험이 있다면 어렵지 않다. 금값에 온전히 집중하고 싶다면 KRX금시장 투자가 낫다. 앞서 소개한 골드뱅킹이나 금 펀드, 금 ETF는 매매차익에서 15.4%의 세금이 발생하지만, KRX금시장은 비과세 혜택을 받을 수 있기 때문이다. 또한 양도소득세, 배당소득세, 금융소득종합과세도 제외하고 있다. 이렇게 장점이 많은 KRX 금시장은 일반 주식계좌와는 별개로 금현물 계좌를 개설한 후, 거

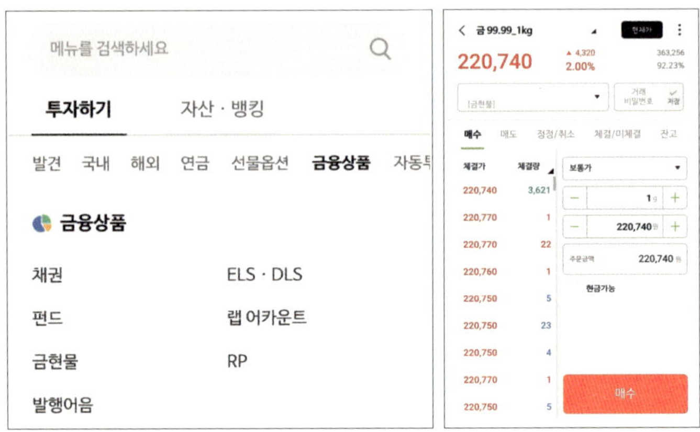

금현물 투자 관련 메뉴와 금현물 매매 호가창 (NH투자증권)

래할 수 있다. 또한 개별종목이나 ETF 매매가 아닌 별도의 메뉴를 이용한다. 취급하는 증권사마저 별도로 정해져 있어, 처음 시작할 때는 복잡한 느낌이 들지만 몇 번 거래하다 보면 익숙해질 것이다.

주식을 거래하기 위해 증권사 계좌를 만드는 것처럼, 오롯이 금만 투자할 수 있는 KRX전용 금현물계좌가 필요하다. 현재 KB증권, NH투자증권, 대신증권, 미래에셋증권, 삼성증권, 신한투자증권, 유안타증권, 유진투자선물, 키움증권, 하나증권, 한국투자증권, SK증권, 현대차증권의 총 13개 증권사에서 금현물 전용 계좌를 개설할 수 있다. 대부분 비대면으로 가입할 수 있지만, 간혹 직접 영업점 방문이 필수인 증권사도 있으니 개설하기 전 미리 문의해 보자.

KRX금시장 매매수수료는 일반 주식 투자보다 비싸다. 주식 투자에 비해 투자자의 관심을 덜 받고 있어, 증권사도 아직 적극적인 수수료 인하 경쟁은 하고 있지 않다. 심지어 영업점(유선)으로 매매하면 0.5~0.6% 정도의 수수료가 발생하고 증권사마다 보관 수수료를 받는 곳도 있다. 보관 수수료는 계좌에 있는 잔고 수량을 KRX 금시장 직전 거래일 장 종료 때의 가격 기준으로 환산한 금액에 대해 책정한다. 온라인 매매수수료와 보관 수수료를 계산해서 더 저렴한 증권사를 고르자.

KRX금시장의 계좌를 개설했다면 거래하는 증권사 애플리케이션에서 '금현물'로 검색해 보자. 금현물 현재가, 잔고 및 손익 등 주식 거래하듯 실시간으로 금 가격을 확인할 수 있는 메뉴도 있다. 매매할 수 있는 종목은 두 가지로, '금 99.99_1kg'과 '미니금 99.99_100g'이다. 시세와 현물을 찾을 때 단위는 1kg, 혹은 100g이다. 미니금은 소량으로 거래가 가능하다는 이유로 프리미엄이 붙기

증권사	온라인 매매수수료 (10% 부가세 포함)	보관 수수료
미래에셋증권	0.17%	한 달 0.00022% 1년 약 0.08%
NH, 유안타, 하나, 현대차	0.22%	
한국투자	0.23%	
삼성	0.242% (5억 원 미만)	없음
신한투자	0.32%	
KB, 대신, SK, 키움	0.33%	

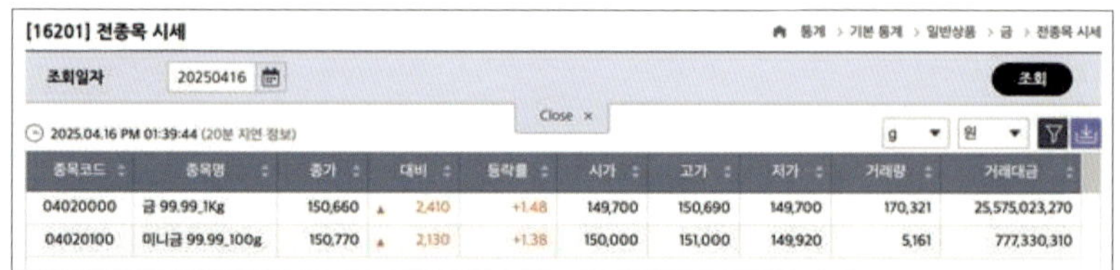

KRX금시장에서 금현물을 검색하면 실시간으로 시세를 알 수 있다.

거래대상	순도 99.99%, 1kg 및 100g 중량의 골드바
거래(호가)단위	1g
인출단위	1kg, 100g
체결방법	실시간 경쟁매매(주식과 동일), 가격 및 거래량 실시간 공개
매매시간	09:00 ~ 15:30 (호가 접수시간 08:30 ~ 15:30)

때문에 시세가 조금 더 비싸다. 거래량도 1kg 단위가 더 많아, 매매 차익을 위한 금 투자라면 1kg 종목에서 거래하는 걸 추천한다. 개설한 금 투자 전용 계좌에 투자금을 넣고 매매하면 체결이 이뤄진다. 매매 및 호가는 1g 단위다. 위탁증거금은 주식 투자와 달리 증거금 100%다. 즉, 1주(1g)를 사기 위해서는 1주만큼 계좌에 돈이 필요하다는 의미다. 또한 가격은 -10%에서 +10% 사이로 제한된다. 입출금은 자유롭기에 투자할 금액만 넣어 활용하는 것이 좋다.

실물 골드바는 거래단위에 따라 100g 또는 1kg 단위로 찾을 수 있다. 이때 부가세 10%와 개당 2만 원 내외의 별도 인출 비용이 발생하며, 실수령까지 2일 정도 걸리니 미리 알아두자.

금 시세 보는 방법

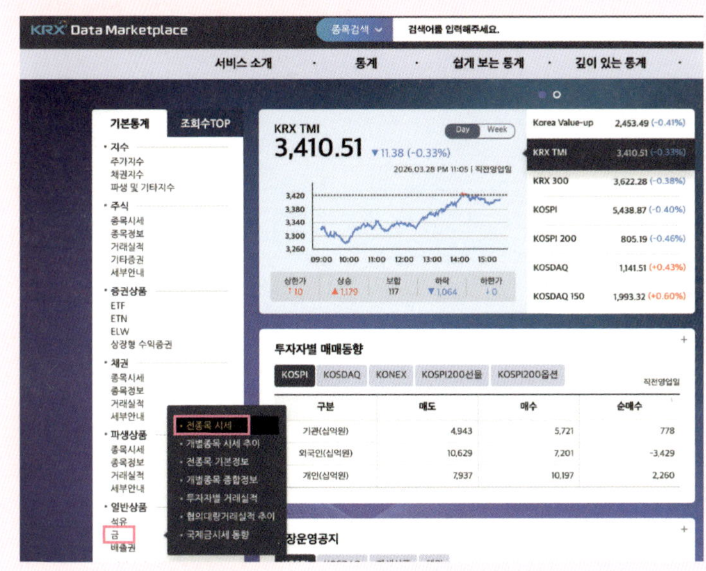

KRX 홈페이지 > 일반상품-금 > 전종목시세 조회

KRX 홈페이지에 회원가입과 로그인을 해야 금 시세 조회를 할 수 있게 변경되었다. 금 시세 조회는 20분 정도 늦게 정보가 제공되므로 즉각적인 가격 변동 확인은 어렵다. 단기 매매가 아닌 장기적인 관점으로 모아가는 용도라면 크게 불편하지 않을 것이다. 주식 정규장에서 실시간 움직임을 확인할 수 있다.

63

실물 골드바 구매하기

눈에 보이지 않는 자원으로서의 금이 아닌, 직접 소유할 수 있는 실물 골드바는 순도 99.99%라고 적혀있는지 확인하는 것이 중요하다. 숫자 9가 4개 들어가서 '포 나인'으로도 부른다. 순도, 함량에 따라 가치나 활용 범위가 다르기 때문이다. 99.5%는 보통 반지, 목걸이, 팔찌 등 액세서리와 귀금속에 쓰이며 골드바를 녹여 24K 제품으로 가공한다. 귀금속을 팔 때는 순도 99.99% 골드바와 달리, 분석료까지 포함되니 가격에서부터 차이가 날 수밖에 없다. 국내에서는 순도 99.9% 혹은 99.5%도 순금으로 지정되었으나, 파는 과정에서 매입 시세가 더 높은 것은 순도 99.99%다. 금을 모은다면 귀금속이나 복잡한 형태보다 단순한 모양의 골드바를 추천한다.

실물 골드바의 가격은 국제 또는 국내 금 지수에 따르며, 별도로 세금과 세공비가 붙는다. 골드바는 사자마자 손해라고 말하는 이유다. 중량은 0.1g 또는 1g 단위로 18.75g, 37.5g, 50g, 100g 등 종류가 다양하다. 단, 중량이 낮을수록 1g당 금액은 비싸질 수밖에 없지만 요즘은 소지하기 편한 가벼운 무게를 원하는 투자자도 늘어나는 추세다.

골드뱅킹, 금 ETF, KRX금시장처럼 금값을 추종하는 투자상품도 있는데 왜 굳이 비싸게 실물 골드바를 구매하는지 궁금할 것이다. 많은 이유가 있겠지만, 가장 큰 이유는 '손에 쥐어지는 게 달라지기 때문'이다. 간접 투자상품은 금값이 오르면 원화 자산이 불어날 뿐이지만, 골드바는 원화에서 바뀌는 순간부터 계속 골드바로 남아있으니 말이다. 어떤 것을 남기고 싶은지에 따라 금 투자 법이 달라질 수 있다. 따라서 처음에는 금 지수 등락을 통해 원화 늘리기에 집중하는 것도 나쁘지 않다. 순자산을 1억 원 이상 모았고, 포트폴리오 구성도 다양하게 하고 싶다면 실물 금도 함께 모으는 것이 좋다.

내가 골드바와 처음 대면한 것은 귀금속 거리에 있는 금은방에서였다. 골드바 종류가 다양하고 직접 볼 수 있다는 점은 좋았지만, 업체마다 가격이 천차만별이라 혼란스러웠다. 흥정하면서 구매하기에는 내공이 부족한 투자자라 다른 방법을 찾아봤다. 은행이나 KRX금시장에서도 구매할 수 있지만, 최소 무게가 100g 또는 1kg 두 가지라 금액적으로 부담스러운 기준이었다. 코로나 이후 오프라인 매장을 운영할 수 없게 되면서 업체에서 온라인 거래를 위해 자체 애플리케이션을 만들거나, 웹사이트 또는 블로그를 운영하는 곳도 늘었다. 매일 달라지는 금값 시세를 공시하고 오프라인 매장 못지않게 골드바 무게나 디자인 종류도 다양하다. 또, 제품마다 보증서와 일련번호가 있어 홈페이지에서도 쉽게 정품 확인이 가능하다. 온라인 거래가 활발해지면서 더 이상 판매자와 가격 협상을 하지 않아도 된다는 점이 가장 좋았다. 그중 내가 직접 이용하고 있는 두 가지 애플리케이션을 소개해 보겠다.

1. 아시아골드 애플리케이션

종로 귀금속 거리에서 시계, 귀금속 제품 도매업을 운영하는 아시아골드가 만든 애플리케이션이다. 직접 방문하지 않고도 실물 금과 은을 구매할 수 있다. 플랫폼에서 바로 판매가를 실시간으로 볼 수 있으며, 가격 흥정도 할 필요 없다.

골드바 디자인은 다양하게 출시되고 있어, 쇼핑 욕구가 올라올 때마다 골드바 사이트를 구경하며 마음을 다스린다. 쉽게 구매할 수 없으니 자연스레 쇼핑 욕구로 불태워진 마음을 잠재우는 효과도 있다. 그중 매년 띠별로 출시하는 골드바를 모으는 재미가 쏠쏠하다. 나는 2020년 쥐의 해부터 모으기 시작해서 향후 12년간 수집을 계획하고 있다. 1년 동안 무지출하면서 모은 돈으로 수고한 자신에게 골드바를 선물하는 셈이다. 금 가격은 꾸준히 우상향하고 있지만, 조금이라도 저렴하게 구매할 방법은 앱테크를 이용하는 것이다.

홈페이지 또는 애플리케이션에서 매일 출석체크 하거나 구매 후기를 작성하면 포인트를 적립해 준다. 그렇게 모은 포인트는 추후 골드바나 실버바를 구매할 때 사용할 수 있으니 실판매가보다 더 저렴하게 구매 할 수 있는 셈이다. 매일 포인트를 적립해서 구매 금액의 최대 5%까지 할인받아 금 구매에 보태자. 조금만 노력하면 아낄 수 있는 금액이 생각보다 크다. 금은방은 재고가 있는 것 안에서 골라야 하지만 온라인은 원하는 모양, 디자인 그리고 중량 선택이 훨씬 자유롭다. 신청 후 입금하면 1~2일 안에 우체국 택배로 안전하게 받아볼 수 있다. 구매는 카드로 결제하면 수수료 부과 때문에 더 비싸지니 계좌이체를 추천한다. 현금영수증 또는 세금계산서도 발급받을 수 있다.

2. 금모아 애플리케이션

금모아도 실물 금과 은을 구매할 수 있는 애플리케이션이다. 위에서 소개한 아시아골드와 같은 회사지만 구매 방식에서 차이가 있다. 아시아골드는 골드바와 실버바를 한 번에 구매한다. 이 때문에 목돈이 필요하며, 금액적인 부담을 느낄 수 있다. 이러한 단점을 보완하고자 소액으로 금을 나눠 구매 후 인출 가능한 중량까지 모아 골드바로 만드는 방식이다. 원리는 소수점 투자와 비슷하다. 이로써 흔히 금테크를 부자들만 하는 재테크로 접근성이 떨어진다는 편견을 깼다. 1만 원, 10만 원, 100만 원 단위로 금과 은을 조금씩 모아갈 수 있다. 금이 아닌 달러로 예치하는 골드뱅킹 또는 선물 기반 투자가 대부분인 금 펀드, 금 ETF 등과 달리 실제 투자 금액과 같은 양을 매입하여 보관하는 현물 기반 투자다. 투자자가 애플리케이션에서 매입한 골드바는 브링스코리아 및 아시아골드 본사가 보관한다. 이때 투자자가 구매한 실물 자산에 대해 별도의 보관료는 지급하지 않는다.

금 가격에 직접 투자하는 KRX금시장과 비슷하지만, 현물 투자는 10% 부가가치세가 가격에 이미 반영된 것이다. 더불어 사기업 제품이라 업체 수수료를 포함한 금액으로 나누어 구매하는 것이므로, 국내 금 시세 또는 한 번에 구매할 때보다 조금 더 비싸다. 실물로 찾을 때 발생하는 세공비는 출석 체크, 추천인 이벤트 등에서 적립 받은 포인트로 일부를 차감할 수 있어 추가 부담을 덜 수 있다. 특히 소액 금 투자의 장점을 살려 금값이 떨어지거나 본인이 생각한 기준가격에 도달할 때마다 주기적으로 매수하면 저렴하게 구매할 수 있다. 매매할 수 있는 시간과 현금 및 상품의 출금 시간이 별도로 정해져 있으니 자세한 사항은 애플리케이션을 참고하자. 현물에 투자하는 것은 부수적인 비용이 존재한다. 이런 이유로 단기간 시세차익을 노리는 투자보다, 보험처럼 생각하며 꾸준히 모으는 자산으로 접근하는 것을 권장한다.

실물 금은 이미 가격이 많이 오른 상태다. 괜히 고점에 구매하는 것은 아닌지 굉장히 신중해진다. 2019년 처음 골드바를 매수했을 당시에도 고점이라는 얘기가 나왔다. 애플리케이션을 알기 전에는 1년 동안 무지출로 모은 금액을 사용해 나를 위한 연말 선물로 금을 샀다. 더욱 저렴하게 구매하고 싶어 12월 내내 가격 변동에 민감해하면서 시간과 에너지, 그리고 감정도 많이 소비했다. 소액 투자가 가능한 것을 알고 난 이후, 직접 정한 매수 조건에 따라 기계처럼 모아서 연말마다 골드바로 바꾼다. 덕분에 지금 당장 변화하는 금 가격으로 인해 구매를 망설이지 않는다.

금 투자
이모저모

국민은행 포인트리로 금 투자하는 방법

국민은행 애플리케이션에서 이벤트에 참여하거나 KB카드를 사용하면 포인트리로 적립 받을 수 있다. 1포인트는 1원으로, 카드 대금 일부를 차감하거나 현금 캐시백, 연회비 납부, 항공 마일리지 등으로 전환할 수 있다. 포인트를 모아 금에 투자하는 것도 가능하다. 포인트는 계속 쌓이는 데 마땅히 쓸 곳이 없어 방치하고 있다면 소멸을 막기 위해 금으로 바꿔보자.

편의점에서도 골드바를 구매할 수 있다?

일부 편의점에는 골드바 자판기가 있다. 2022년 처음 도입되었을 때 호기심에 방문했었다. 온라인으로 구매하는 것보다는 조금 더 비쌌지만, 신용카드 결제와 할부 기능까지 있었다. 구매 즉시 실물 골드바가 자판기에서 나온다. 구매하기 전, 편의점 직원이 신분증을 확인한 후 구매하거나, 비대면 거래로 이용할 수 있다. 최근에 금값이 많이 오르자 정부에서 은행 골드바 판매를 금지했던 적이 있다. 이 시기에 편의점 골드바 자판기 수요가 꽤 늘었다고 한다.

한국조폐공사 화폐제품 판매관

서울 마포구에 한국조폐공사가 운영하는 골드바 매장이 있다. 시세에 비해 골드바를 1~1.5% 더 저렴하게 구매할 수 있으며, 무게에 따라 비율이 달라진다. 금융회사나 금은방에서 구매하면 매입 금액의 2~5% 정도 판매수수료가 붙지만 여기서는 별도의 수수료 없이 오히려 할인 혜택을 받을 수 있다. 국제 금 시세와 환율에 따라 매일 금값은 달라지고 10g부터 1kg까지 골드바의 무게도 다양하다.

그외

은행, 우체국, 한국조폐공사 쇼핑몰에서도 구매할 수 있다. 요즘은 골드바와 실버바가 디자인까지 겸비되어 있어서 취향에 맞게 고를 수도 있다. 단, 디자인만 추가했을 뿐인데 일반 골드바보다 비싸지기도 한다. 예를 들면 우체국에서 판매하는 카카오 캐릭터 골드바는 동일 무게 기준 4~5만 원 정도 비싸다. 이렇게 무게는 같아

도 판매처마다 금액이 조금씩 다르므로 여러 곳을 비교하는 것을
추천한다.

- 인터넷우체국 골드바
- 한국조폐공사 쇼핑몰 - http://www.koreamint.com
- 한국금거래소 - https://www.koreagoldx.co.kr
- 삼성금거래소 - https://www.ssgold.co.kr

65

금값은
주기적으로 확인하자

포털사이트에서 '오늘의 금시세'로 검색하면 화면에 나오는 금 계산기를 통해 현재 금값을 쉽게 확인할 수 있다. 예를 들어 3.75g에 824,775원이라면, 실제 골드바는 제조 비용이 들어가 조금 더 비싸게 판매된다. 3.75g 기준으로 한국금거래소는 1,005,000원, 우체국은 1,055,000원, 아시아골드는 984,000원인 것처럼 사이트마다 조금씩 차이가 있다.

최근들어 금값 상승의 원인에는 인플레이션뿐만 아니라 미중 갈등, 관세 전쟁 등 국제적으로 불확실한 상황도 포함하고 있다. 투자자는 변동성이 심한 주식이나 코인보다, 상대적으로 안전하다고 생각하는 금에 수요가 몰리기 마련이다. 전 세계적으로 기준 금리 인하가 이어지면서 예금 금리까지 낮아지는 추세다. 이렇게 이탈한 자금이 금 시장으로 흘러 들어왔고 몇 달 만에 금값을 더욱더 상승

시켰다. 패닉바잉 또는 포모 현상이 두드러지게 나타난 것이다. 실제로 2025년 2월, 국제 금값보다 국내 금값 상승률이 더 높아, '금(김)치프리미엄'이 붙었다는 뉴스를 본 적 있을 것이다. 이는 다른 사람들이 얻는 수익 기회를 놓칠까 봐 조바심을 내며 투자에 뛰어드는 심리를 말한다. 암호화폐나 부동산 시장에서 자주 나타나는데, 금에도 보이니 주의해야 한다. 투자는 조급해지는 순간, 비싸게 사거나 싸게 팔 수밖에 없다. 오히려 거품이 꺼질 때까지 기다리면서 자금을 모으는 것도 좋은 투자 방법 중 하나다.

흔히 누군가에게 금을 선물하는 것은 돌 반지가 먼저 떠오른다. 특히 요즘은 다양한 골드바 디자인과 무게로 여러 상황에서 특별한 선물을 할 수 있다. 명절이나 가족 생일 때 현금 또는 상품권 말고 자산가치가 될 수 있는 작은 골드바를 선물하는 것이다. 우리 집도 현금 아닌 골드바 주고받기로 선물 종류가 바뀌면서 자연스

골드바에도 종류가 있다?

오롯골드바
한국조폐공사에서 국내 최고의 위조 방지 기술을 더해 제작하는 골드바로 은행에서 주로 유통하며 다른 골드바에 비해 비싸다.

LS-Nikko골드바
LS-Nikko에서 생산해 스위스 골드바와 함께 세계적으로 인정받는 골드바라고 할 수 있다.

'카카오톡 선물하기'에서 선물용 금 상품을 다양하게 판매하고 있다.

럽게 재테크 얘기로 이어지고 있다. 가족뿐만 아니라 서로 알고 지 낸 기간만 10년이 넘은 친한 친구 생일에는 모바일 상품권 대신 그 금액에 해당하는 골드바를 선물로 주고 있다. 아직 흔한 선물이 아 니다 보니 서로의 기억에 오래 남기도 하고 새로운 감동도 줄 수 있다. 직접 만나서 선물 줄 계획이라면 미리 온라인에서 구매할 수 있으니 참고하자. 부득이하게 만나서 전하지 못할 때는 '카카오 선 물하기'에서 다양한 종류 골드바를 고를 수 있다. 소중한 사람에게 금과 자산이라는 선물을 동시에 할 수 있으니 일석이조다.

지금까지 금에 투자하는 다양한 방법을 알아봤다. 처음 금을 구매할 때는 그저 낯선 자산이었다. 그럼에도 실생활에서 소소하게 시작하고 관심 가질 방법이 많아 꾸준히 모아가고 있다.

금을 안전자산이라 부르는 이유는 주식 상승기에는 금 가격이 하락하고, 반대로 주식 하락기에는 금값이 상승하는 추세를 보이기 때문이다. 하지만 금값의 움직임만 보면 변동성이 심하고 가격 급락도 크다. 그러니 안정자산으로 접근하기엔 불안 요소가 많다. 예적금처럼 원금 보장이 되는 것도 아니고, 또 실물 자산은 수수료나 부가세 등 사소한 지출을 신경 써야 할 것이 많으니 구매할 때는 반드시 장기적인 관점으로 접근하자.

종류	방법	현물/선물	거래단위	가격	세금 및 수수료	장점	단점
실물 골드바	한국금거래소, 금은방, 은행, 아시아골드 등 온오프라인 매장에서 구매	현물	그램(g) 돈(3.75g) 냥(37.5g)	공임비, 매장 이윤 반영으로 판매처마다 다름	유통 수수료 5% 정도 부가가치세 10%	상속, 증여, 금융소득종합 과세 제외 실물 소유 배당소득세 없음	보관 부담 15% 이상 상승해야 수익 장기적 관점으로 접근
골드 뱅킹	계좌 개설할 수 있는 은행에서 가입	현물	0.01g	고시가격 (원화로 환산된 국제가격을 고려해 은행 고시)	통장 거래 시 : 매매 기준율 X 1% 실물거래시 : 매매 기준율 X 5% 매매차익에 대한 배당소득세(15.4%)	은행이라 접근 쉬움 소액 투자 가능	비싼 수수료 금값뿐만 아니라 환율 변동에도 신경 써야 함
금 펀드	은행, 증권사에서 가입	선물 또는 관련 기업에 투자	상품별로 다름		선취수수료(1~1.5%) 매매차익에 대한 배당소득세(15.4%)	운용 보수 및 수수료 확인 필요 원화 거래 가능 적립식 투자 가능	구성 종목에 따라 투자 방향 및 수익률이 달라짐 비싼 수수료 금값뿐만 아니라 환율 변동에도 신경 써야 함
국내 금ETF	주식 매매하듯 투자	금 선물 및 현물 지수, 관련 기업 투자	1주	상품별로 다름	총보수 (0.39~0.5%) 배당소득세 (15.4%)	직접 매매하거나 적립식 투자 가능 매매 제한 없음 (해외 ETF) 매매차익 250만 원까지 비과세	운용 보수 및 수수료 발생 환율 변동성 존재 실제 금 시세 움직임과 100% 일치하지 않음
해외 금 ETF					거래수수료 (상품마다 다름) 양도소득세 (22%)		
KRX 금시장	증권사에서 금전용 계좌 개설 후 주식처럼 매매 가능	현물	1g	공정가격	매매 및 보관 수수료 양도소득세 및 부가가치세 면제	계좌 거래 시 매매차익 비과세 매매 제한 없음	별도 금전용 계좌 필수 프리미엄 가격이 붙을 때 괴리율 발생 주의
금모아	앱에서 소액으로 투자 후 해당 무게만큼 현물로 교환 또는 매매차익 가능	현물	0.001g	자체 기준 가격	(실물 출금 시) 부가가치세 10% 매매 및 업체 수수료	1만 원부터 투자 가능 주식 투자처럼 시세차익 가능	- 상대적으로 비싼 수수료 살 때와 팔 때 금액 차이가 커서 매매차익으로 추천하지 않음

환테크로 플러스 수익

66

환테크로
외환시장 투자하기

"장기적으로 달러를 모으고 싶은데 어떻게 하나요?"
"엔화에 투자하면 단기 매매차익을 얻을 수 있나요?"
"외화 현찰을 소유하지 않고도 환테크가 가능한가요?"

해외여행을 다니면서 소소하게 환전으로 차익을 얻고 있다. 처음에는 해외여행 비용 일부를 달러로 환전해서 모았다. 그동안 환율 등락 폭이 잦을 때는 환차익을 통해 소소한 수익을 낸 적도 있다. 목표했던 환율로 내려오면 조금씩 외화를 모으는 방법이다. 덕분에 환율이 낮아지면서 더 저렴한 비용으로 해외여행을 준비할 수 있었다.

특히 외화 중에서 달러는 해외여행을 갔을 때도 그 위상을 피부로 즉시 느낄 수 있다. 굳이 미국에 가지 않더라도 달러를 결제

환테크로 수익내기

	매매	날짜	환율	원화	엔화	수익
1회차	매수	26.01.02	920.91	2,499,994원	271,470엔	15,012원
	매도	26.01.08	926.44	2,515,006원		
2회차	매수	26.01.23	925.77	2,499,995원	270,045엔	16,986원
	매도	26.01.26	932.06	2,516,981원		
3회차	매수	26.02.26	912.67	2,499,990원	273,921엔	19,179원
	매도	26.02.27	919.67	2,519,169원		

방식으로 사용하는 나라가 매우 많다. 또한 국내에서 바꾸기 어렵거나 환전 수수료가 비싼 외국 화폐라도, 먼저 달러로 환전한 후에 그 나라 환전소에서 바꾸면 더 저렴하다.

나의 경우 이를 실사용을 위한 환전 팁이라 생각했었고, 딱히 투자라고 생각하지 않았다. 나중에 알고 보니 나도 모르는 사이에 환테크를 하고 있었다. 오히려 기업에 투자하는 주식과 다르게 외화를 사고파는 게 더 쉽게 느껴졌기 때문이었다. 스트레스를 크게 받지 않으면서 수익이 늘어나는 걸 경험해 보니, 더 욕심을 내어 몇 년 전부터는 포트폴리오에 외화 비중을 늘렸다. 외화는 당분간 여행 갈 일이 없더라도 보험이라 생각하며 장기적으로 모으기 좋다. 처음에는 여행비 마련으로 시작했지만, 다양한 방법을 통해 외화 사용 범위를 넓혀 나가는 중이다. 다시 말해 환테크는 달러나 엔,

유로의 환율 등락을 이용해 시세차익을 얻는 것이다. 즉, 국가 통화에 투자하는 것이다 보니 굵직한 대기업들보다 망할 가능성도 적다. 환율 움직임은 환율이 가장 높았을 때와 낮았을 때의 가격을 비교해 평균치를 내면 매매 시점을 대략 잡아 볼 수 있다.

최근의 일본 엔화처럼 1,000원에서 시작해 850원에 이르기까지 변동이 심한 움직임에는 투자하기 꽤 난감했다. 그동안 움직이는 범위를 넘어서면서 금방 수익을 낼 줄 알았던 첫 매수 환율 980원에서, 다시 수익을 볼 때까지 2년이라는 긴 시간이 걸렸다. 그럼에도 버틸 수 있었던 이유는 투자금을 한 번에 매수하지 않고 환율이 떨어질 때마다 분할 매수한 덕택이었다. 1원 이상 오르면 매도를 통해 작은 수익이라도 계속 만들었다. 물려있는 엔화는 계좌에 그냥 놔두지 않고 일본 주식에 투자하면서 추가 엔화 수익과 배당금을 챙겼다.

67

분할 매매 환테크로
수익을 내자

환테크 분할 매매는 물타기 방법과 다르다. 예를 들어 1회차 기록은 6월 27일에 처음 1,086,144원을 환율이 938.93엔일 때 매수해서 115,679엔으로 환전했다. 다음 날 940.02엔으로 환율이 올랐고 전날 환전한 엔화를 모두 매도하면서 1,261원의 수익을 냈다.

매매일지만 잘 적는다면 환율 재테크는 주식 투자보다 쉽고 간단하다. 하지만 외화 투자 자체가 낯선 영역이라 어떻게 시작해야 할지 모르겠다면 이번 파트를 통해 내게 맞는 환테크 방법을 찾아보자. 환테크로 사용하는 외화는 달러, 엔화, 유로가 대표적이며 여기서는 달러와 엔화 사례로 설명한다.

미국 화폐 단위인 달러는 안전자산으로 알려져 있다. 달러 투자는 언제 시작하면 좋을까? 낮을 때 사서 높을 때 파는 것은 간단해 보이지만 현실은 이론과 일치하지 않는다. 처음 매수한다면 최근 10년간 달러 그래프에서 평균값을 내본다. 2016년부터 2026년까지를 기준으로 1,050원~1,506원이다. 이 둘을 더해 나누면 평균 1,278원이 나온다. 다만 대내외적인 문제로 다시 킹달러 시대가 오면서, 달러 투자로 예전만큼 재미 보기는 쉽지 않다. 그럼에도 초보자가 환테크하기 좋은 이유는 기업 주가와 달리, 환율은 상·하단이 뚫려있을 확률이 극히 낮다. 조급함을 버린다면 충분히 잃지 않는 투자를 할 수 있다.

달러는 도저히 예측 불가능할 정도로 심각한 변동성이 있었던 금융위기, 최근 일어난 전염병, 국제 전쟁 등 특별한 이벤트에서 반응한다. 심지어 미국 금융위기가 발생했을 때도 오히려 미국 화폐인 달러가 급등했다. 몇 년 동안 직간접적으로 달러 상승을 경험하면서 환율이 좋을 때마다 조금씩 달러를 매수하고 있다. 지금은 1,420원 이하를 투자 기준점으로 잡고 있고 경제 상황에 따라 환율 매매 기준은 수정된다. 몇 년 전에는 1,200원도 높다고 매수하기 꺼린 적도 있다. 환율에 관해 관심이 커진 이유는 언젠가 발생할지 모르는 리스크 관리를 평소에 해야 한다는 경각심이 생겼기 때문이다.

달러가 급격하게 변하는 이유에는 여러 가지가 있다. 변동성 원인을 함께 공부하면 그 움직임 속에서 환테크로 쏠쏠하게 수익을 낼 가능성이 높다. 먼저 미국이 기준금리를 인상한다는 분위기로 흘러가거나 세계 경제 상황이 좋지 않으면 달러 가치가 올라간다. 또한 그동안 데이터를 보면 코스피 지수와 움직임이 반대인 경우가 많았다. 코스피가 상승하면 달러는 하락, 코스피가 하락하면 달러는 상승한다는 말이다. 하지만 요즘은 이마저 일치하지 않는 날도 종종 있다. 그만큼 외부적인 변수가 다양해졌다. 그럼에도 금융위기가 오면 원화로 보유하고 있는 자산(예적금, 주식, 펀드, 부동산 등)의 가치는 하락하고 달러는 반대로 상승할 확률이 높다. 여러 자산에 분산 투자해야 하는 이유다.

달러를 꾸준히 모았다면 위기에 가격이 오른 달러를 원화로 바꿔, 상대적으로 가치가 떨어진 자산을 저가 매수할 기회도 노릴 수 있다. 예를 들면 환율이 오를 때 평소보다 많이 하락한 코스피 지수를 추종하는 ETF를 매수한다. 반대 상황이라면 ETF가 올랐을 때 매도하고 상대적으로 떨어진 달러를 매수한다. 이렇게 포트폴리오를 구성하면 주식시장이 좋지 않을 때도 꾸준히 수익을 발생시킬 수 있다.

즉, 환율은 다양한 방법으로 수익을 얻을 수 있고 위기 상황에서 보험처럼 활용할 수 있는 자산 중 하나다. 환율 차이로 얻은 수익은 비과세라는 점도 꽤 매력적인 재테크다. 단, 달러 ETF 등 금융상품과 연계된 외화 투자는 거래 수수료와 매매차익에 대해 비용과 세금이 발생한다.

68

환테크는
은행에서만 할 수 있을까?

그렇다면 환테크는 은행에서만 가능할까? 단순히 환율 움직임에 따라 차익을 얻을 것인지, 실물이 필요한지 아닌지에 따라 금융회사를 활용하는 방법도 다르다. 예를 들어 매매를 통한 지속적인 환차익은 외화를 현찰로 사고파는 것보다 금융회사 계좌를 통해 거래하면 부수적인 비용이 빠져 상대적으로 낮은 가격에 환전할 수 있다.

환율에서 실제 내가 매매하는 금액은 금융회사마다 조금씩 다른 고시 환율과 환전 우대 수수료를 포함한 것이다. 적은 돈으로 투자할 때는 푼돈이겠지만, 금액이 커지거나 매매 빈도가 잦으면 비용을 무시하기 힘들다.

한번 계산해 보자. 환전 우대 수수료를 받지 않고 원화 1,000원을 1달러로 바꿀 때마다 약 1%인 10원이 수수료로 발생한다고 가정한다. 이때 우대 수수료 90%를 적용하면 10원이었던 추가 비용이 1원으로 낮아진다. 금융회사마다 차이가 있지만 달러와 유로, 엔화는 80~100% 우대해 준다. 환전하기 전에 미리 확인해서 낮은 환율에 매수하고 높은 환율에 매도하자.

환전 우대 수수료를 100% 받는다고 해서 무조건 저렴한 것은 아닐 수 있다. 금융회사마다 기준으로 정하는 고시 환율이 다르기 때문이다. 아무리 우대 수수료 혜택을 잘 받더라도 고시 환율 자체가 높으면 할인액이 크게 차이가 나지 않는다. 환테크를 할 때는 이 둘을 모두 포함한 실제 환전 금액으로 투자 데이터를 만들어 활용하면 헷갈리지 않을 것이다.

은행에서 환전하는 방법

은행에 직접 방문하거나 애플리케이션에서 손쉽게 환전할 수 있다. 요즘은 원하는 환율이 왔을 때 알람이 오거나 자동으로 매매해주는 기능도 있으니 적극적으로 활용하자. 미리 애플리케이션에서 외화로 환전하고 필요할 때마다 찾아 쓰면서 환율 주도권을 본인이 가져갈 수 있다. 만약 해외여행을 계획하고 있다면, 여행가기 몇 개월 전부터 환율이 낮아지는 시점을 노리다가 소액으로 환전하는 방식으로 미리 비용을 마련한다. 당분간 여행 계획이 없더라도 낮은 가격에 산 후, 환율이 오르면 원화로 재환전해 쏠쏠한 부수입을 만들어 보자.

은행 애플리케이션 메뉴에서 '환전'을 검색하면 온라인 전용 환전 서비스를 확인할 수 있다. 대표적인 것이 우리은행 환전주머니, 국민은행 외화머니박스, 신한은행 환전 모바일금고, 하나은행 환전지갑 등이다. 주요 통화인 달러와 엔, 유로를 포함하여 다른 국가 화폐도 환전할 수 있다. 다만 회원 여부를 확인하는 은행은 우대 환율, 환전 금액 범위, 환전 방법이 달라질 수 있어 로그인한 후 이용하자. 앞에서 소개한 고시 환율과 환율 우대 비율도 다르므로 환전하기 전에 미리 비교하는 것은 필수다.

해외에서도 카드 사용할 수 있는 곳이 늘어나면서 기존에 알고 있었던 환전 방법만 고집할 이유가 없어졌다. 심지어 트래블** 서비스를 이용하면 기준 환율은 낮고 높은 우대 수수료율 혜택을 받는다. 즉, 방금 소개한 은행 환전보다 더 저렴하게 환전할 수 있다는 뜻이다. 심지어 환전 방법도 편해서 해당 서비스로 환테크를 해봐도 좋겠다는 생각이 들었을 것이다. 그러나 결론부터 말하면 추천하지 않는다.

트래블** 서비스는 여행 현지에서 결제 카드를 연결해 사용하거나, 수수료를 면제받아 해당 국가의 ATM기 현금 인출에 특화된 서비스다. 낮은 환율로 환전했지만 원화로 재환전할 때는 기준 환율이 턱없이 높거나 1%가 넘는 수수료를 별도로 부과한다. 엄청나게 환율이 오르지 않는 이상 손해로 이어질 수밖에 없다. 여행에서 쓰다 남은 외화를 당분간 쓰지 않아 방치해두는 것보다 원화로 바꾸는 게 활용도가 높다면 이용해도 나쁘지 않다. 큰돈을 투자해 시세차익을 위한 환테크 목적으로는 절대 추천하지 않는다. 트래블** 서비스는 실제 여행지에서 소비할 용도로만 사용하자.

온라인으로 미리 환전해 놓으면 필요시에 편하게 외화 실물로 수령할 수 있다. 영업점에 재고가 있으면 당일에 받을 수도 있다. 일정 기간 환전한 외화를 받지 못할 시, 전용 상품에 보관해 주는 금융회사도 있다. 옮기지 않는 외화에 대해 별도의 이자는 붙지 않는다. 예금자 보호는 1억 원까지 받는다. 또한 보유 목적으로 1만 달러를 초과 환전했을 경우, 국세청에 자동으로 통보된다는 점도 알아두자.

증권사에서 환전하는 방법

증권사도 은행처럼 원화를 외화로 환전해 주는 서비스가 있다. 해외 주식 투자 과정에서 환전이 필요하기 때문이다. 증권사 환전은 전산상으로 거래하는 방식이라 실물 소지 비용을 줄일 수 있어, 은행에서 환전할 때보다 기준 환율이 낮은 곳도 있다. 단순히 환차익으로만 활용할 계획이라면 증권사를 이용하는 것도 고려해 보자. 증권사에 따라 우대 환율을 받으려면 별도 서비스 신청 과정을 거쳐야 하는 곳도 있으니 참고하자.

	환율 우대	우대 환율	달러	원화
A은행	90%	1,396.44	10달러	13,964원
B증권사	95%	1,394.06		13,940원

부득이하게 실물 화폐가 필요하다면 증권사에서 환전한 외화를 옮길 수도 있다. 다만, 전산으로 환전한 외화를 실물 화폐로 출금하려면 추가 작업이 필요하다. 증권사에 따라 은행 외화 계좌를 별도 등록해야 하거나 추가 수수료가 발생한다. 키움증권과 국민은행 또는 NH투자증권과 우리은행은 수수료 없이 증권사에서 은행으로 이체할 수 있다. 주의할 점은 은행 일반 통장이 아닌 외화 예금 통장을 따로 개설해야 증권사에서 환전한 외화를 받을 수 있다.

정리하면 증권사에서 환전한 외화는 해외 주식 투자, 현찰이 필요 없는 환차익에 유용하다. 여행을 위한 환전, 유학 자금, 송금 등 실물 사용이 반드시 필요한 곳에서는 적합하지 않다. 그러므로 외화 사용 여부에 따라 은행 또는 증권사를 선택하면서 내게 유리한 곳을 고르자.

> **금융회사에 따른 환전 종류**
>
> 은행: 여행 및 해외에서 쓸 비용, 해외 송금, 현찰이 필요한 경우 등
> 증권사: 해외 주식, 환차익

증권사에서 환전한 외화는 해외 주식 투자금으로 사용할 수 있다. 또는 환전했을 때보다 환율이 1원 이상 오르면 차익도 실현할 수 있다. 환전하고 단기간에 수익 실현하면 좋지만, 자칫 물리는 일도 빈번하게 발생한다. 이럴 때 강제 보유를 할 수밖에 없는데,

대부분 증권사 일반 계좌는 금리가 없거나 매우 낮다. 해외 주식 투자가 아닌 환테크에 집중한다면 방치하지 말고 외화 RP 또는 발행어음 금융상품에 넣어, 물려있는 기간에도 꾸준히 수익을 내자.

외화예금통장 (은행)

계좌에 원화 대신 외화로 환전해서 거래하는 입출금식 통장이다. 명칭이 '예금'이라 목돈 묵혀두는 통장과 헷갈릴 수 있다. 외화예금통장도 1억 원까지 예금자 보호를 받는다. 다만 사고 발생일 환율로 환산한 원화 금액으로 보호받을 수 있다는 것만 알아두자. 매매차익은 비과세라는 이유로 다른 투자에 비해 진입장벽이 낮아 쉽게 접근할 수 있는 재테크 중 하나다. 하지만 통장 금리가 연 0.01~0.2%로 매우 낮거나 외화 종류에 따라 아예 없는 경우도 많다. 통장 이자는 15.4%의 세금을 내야 하므로 예치하면서 받는 이자보다 환차익을 얻는 재테크라고 할 수 있다.

환율 하락에 따른 손실은 보장하지 않으니 주의하도록 하자. 또한 일반 입출금통장과 달리, 타행 이체가 불편하다는 단점이 있다. 외화 계좌라고 해도 해외 주식이나 펀드, ETF 등 투자가 어려운 은행도 있다. 그 대신 외화가 필요한 해외여행, 유학 비용 송금 서비스 등 각종 서비스를 이용하기 편하며 금융회사 상품에 따라 외화 카드 결제계좌로도 활용할 수 있다.

주의할 점은 외화예금통장은 달러 기반이라 원화로 입금하면 환전 수수료가 발생한다. 그러나 환율 우대율이 높은 은행을 이용하면 수수료를 아낄 수 있다. 요즘은 달러 외 다른 통화를 취급하는 예금 통장도 있지만, 금리가 없는 게 대부분이라 추천하지 않는다. 은행 외화 상품을 꼭 이용하고 싶다면 외화 적금 또는 정기예금 상품을 알아보는 것이 더 현명한 방법이다.

외화 적금통장 (은행)

외화 적금통장을 이용하면 달러를 적금 넣듯 저축할 수 있다. 은행마다 조건이 다르지만, 최소 1달러부터 1만 달러까지 납입할 수 있다. 예금자 보호도 1억 원까지 보장되며 가입 기간은 최소 6개월에서 최대 12개월 사이에서 고를 수 있다. 원할 때마다 적립할 수 있는 자유 적립 방법을 통해 날짜를 지정해서 자동이체로 저축할 수 있다. 환율 우대는 상품에 따라 70~90%까지 적용받는다. 일부 출금도 가능하여 비상시 꺼내 쓰거나, 환율이 오르면 환차익을 얻는 목적으로 활용하자. 적금 금리도 꽤 높은 편이라 수요가 많다.

외화 정기예금통장 (은행)

소지하고 있는 외화를 일정 기간 묵혀두면서 이자를 받는 상품도 있다. 가입 금액은 달러 기준 1,000불 이상으로 적금보다 진입

장벽이 높다. 상품에 따라 엔화, 유로 등 다양한 외화로 가입할 수 있다. 예금자 보호를 받을 수 있으며 일부 중도인출할 수 있다. 외화가 필요할 때 사용하거나 환율이 올라 수익을 낼 때 활용한다. 가입 기간에 따라 예금 금리가 달라지지만, 현재는 원화 예금 금리보다 높아 인기가 많다. 몇 개월 뒤에 외화를 사용할 일이 있다면 집에 놔두지 말고 미리 정기예금에 넣어두면 쏠쏠하게 이자 얻기에 좋다.

외화 RP (증권사)

증권사에서 환차익을 위한 환전 또는 해외 주식을 매도하고 잠시 묵혀둘 때, 입출금 계좌에 남은 외화를 놔두는 것은 돈이 쉬고 있는 것과 같다. 이럴 때는 외화 RP 상품을 활용하면 추가 수익을 낼 수 있다. 외화 RP 상품은 증권사마다 별도로 존재하며 원화 RP와 투자 방법은 같지만, 외화 RP 중 달러 RP만 금리가 높다. 수시 입출금이나 일정 기간 예치하는 형태로 목적에 맞게 상품을 활용할 수 있다. 이자는 투자한 외화 종류로 받는 것 또한 매력적이다. 달러 RP라면 달러로 받고, 상품에서 발생한 세금은 원화로 낸다. 추가로 환율이 오르면 환차익도 함께 얻을 수 있다. 반대로 환율이 하락해도 원화로 재환전하지 않으면 환차손이 아니므로 걱정하지 말자. 당장 원화가 급하지 않다면 환율이 오를 때까지 기다리는 것도 수익을 늘릴 방법이다.

은행에서 판매하는 외화예금통장과 비슷해 보이지만 금리가 월등히 차이 난다. 현찰이 필요하지 않다면 증권사 영업시간에 애플리케이션으로 쉽게 매매해 보자. 단, 증권사 투자상품이라 은행 판매 외화예금통장과 다르게 예금자 보호를 적용받지 못한다. 환차익에 대해서는 비과세, RP 계좌 이자는 15.4%의 이자소득세를 부과한다. 자세한 금리 정보는 각 증권사 홈페이지나 애플리케이션에서 확인할 수 있다.

외화 발행어음 (증권사)

증권사 계좌에 500달러 넘게 외화가 있다면 발행어음 상품도 고려해 보자. 원화 발행어음과 동일하게 자기 자본이 많고 신용등급이 우수한 증권사 4곳에서만 판매하는 금융상품이다. 앞으로 취급하는 증권사는 더 늘어날 것이다. 외화 RP처럼 환차익은 비과세, 이자는 15.4%의 세금이 나온다. 다만, 최소 가입 금액은 500~1,000달러로 조건이 까다로운 편이다. 그럼에도 RP보다 금리가 더 높으니, 발행어음을 선택하면 더 많은 수익을 낼 수 있다. 이 상품은 증권사 영업시간을 이용해 가입하자.

수시형, 약정형, 적립형의 3개로 나뉘어 있고 증권사마다 가입할 수 있는 상품이 조금씩 다르다. 무조건 높은 금리를 고르기보다 외화 투자 기간을 고려하는 게 중요하다. 외화 현찰이 필요하지 않고 해외 주식이나 환테크에 집중한다면, 남아 있는 외화를 RP 또는 발행어음 상품으로 활용하면서 돈이 계속 일할 수 있는 시스템을 만들자.

국내 증시 외화 ETF (증권사)

외화 보유 목적보다 환율 상승에 따른 원화 매매차익에 집중하고 싶다면, 외화 ETF에 투자해 보자. 어떤 외화 지수를 추종하느냐에 따라 달러 ETF, 엔화 ETF 등을 선택한다. 별다른 환전 없이 원화로 ETF를 매매하는 방법이라 별도의 환전 수수료는 발생하지 않는다. 다만, 다른 ETF와 달리 분배금은 지급하지 않는다.

일반 ETF보다 펀드 보수가 비싼 편이고 매매차익에 대해서 세금 15.4%를 부과한다. 또한 외화 ETF는 일반 ETF와 달리 파생상품으로 운용해서 달러 환율과 ETF 움직임이 정확하게 연동되진 않는다는 점 기억해 두자.

해외 증시 외화 ETF (증권사)

외화 ETF는 국내뿐만 아니라 해외 증시를 통해 거래할 수 있다. 그중 해외 달러 ETF는 달러 인덱스에 투자한다. 달러 인덱스란 원·달러 환율이 아닌 통화가치가 비교적 안정적인 주요 6개 국가의 통화가치 대비 달러의 가치를 지수화한 것이다. 유로와 엔화, 파운드, 캐나다 달러, 스웨덴 크로나, 스위스 프랑이 그 예에 속한다. 미국 금리가 상승하면 주식과 채권 가격은 하락하지만, 달러 인덱스는 상승하는 모습을 볼 수 있다. 다른 투자상품과 달리 가격 움직임이 크지 않아 평소 많은 수익을 기대할 수 있는 상품은 아니다. 다만 달러 가치가 오르는 시기에는 오히려 보험처럼 활용하는 비중이 높다.

그 중 대표적인 달러 ETF는 'UUP(Invesco DB USD Bullish Fund)'다. 달러가 강세일 때 UUP ETF는 오르고, 약세면 떨어진다. 운용보수는 연 0.75%로, ETF 중에서 비싼 편이지만 연 배당도 받을 수 있다. 대부분 국내 상장한 외화 ETF는 배당이 없는 것과는 다르다. 해외 증시에 상장한 ETF는 수익을 실현하고 달러를 원화로 환전하면 추가 환차익까지 얻을 수 있다.

달러 상승기 때 자주 등장하는 외화 보험은 국내에서 달러 투자의 방법 중 하나로 알려졌다. 하지만 가입할 때 신중해야 한다. 대표적인 상품은 달러 보험으로, 국내 보험과 달리 보험료 납입과 지급 모두 외국통화(달러)로 거래한다. 하지만 대부분 종신보험으로 판매하고 보통 달러 상승기에 보험사에서 공격적으로 홍보하는 경향이 있어 주의가 필요하다.

설명만 들으면 자칫 외화 보험이 색다른 상품이라 생각할 수도 있다. 그러나 환율 변동에 따라 소비자가 납입 하는 보험료나 수령하는 보험금의 원화 가치가 달라질 수 있는 위험 요소가 존재한다. 또한 원화에서 달러로 환전할 때 발생하는 수수료도 무시할 수 없다. 사실상 해당 상품은 환테크를 위한 금융상품은 아닌 것이다.

만약 보험금 수령이 다가왔을 때 환율이 하락하면 난감하다. 이미 보험금 지급 시점이 정해져 있어, 계약 해지 말고는 환율 변동에 대응할 방법을 찾기 어렵다. 특히 중도 해약할 때 환급금은 원금보다 적다. 여러 이유를 보다 보면 단기간 운용할 상품은 더더욱 아니라는 것을 알 수 있다. 또한 해외 금리 변동에 따라 만기 때 받을 수 있는 보험 금액이 달라질 수 있다. 만약 금리가 하락하면 보험료 적립 이율이 하락하고 만기환급금마저 감소하는 악순환을 초래한다. 반드시 보험상품은 저축, 투자가 아닌 소비 상품으로 인지하고 가입하자.

소비를 줄이고 몸값을 올리는 것이
1억을 만드는 필수 습관

지금까지 한 권에 걸쳐 소개한 재테크는 금융상품을 어떻게 하면 잘 활용할 수 있는지에 대한 저만의 노하우를 정리한 것입니다. 아무리 돈이 되는 정보와 방법을 알더라도 막상 종잣돈이 없거나 부족하면 실천에서 한계를 느낍니다. 시간, 에너지, 투자 정보까지 모두 완벽한 상태인데 단지 돈이 없다는 이유로 포기한다면 좌절감이 꽤 클 수밖에 없지요. 그렇다고 초보 투자자가 무리하게 대출까지 하면서 투자하는 것은 절대 추천하지 않습니다.

저의 경우, 높은 수익률을 제공하는 특판 RP나 발행어음에 당장 돈이 없어 더 많이 넣지 못해 아쉬웠던 적이 종종 있었습니다. 공모주 투자도 마찬가지였고요.

'왜 하필, 지금 돈이 없는 걸까?'

며칠 전, 갖고 싶다는 이유만으로 충동적으로 구매한 뒤 택배 상자조차 뜯지 않았던 물건이 생각났습니다. 습관적으로 마셨던 음료와 기분 전환을 위해 사 먹은 달콤한 디저트, 5분만 일찍 출발했으면 타지 않아도 될 택시, 깜빡하고 놓고 와서 또 사버린 우산 등 결제할 때는 분명 소액이었는데 모아보니 꽤 큰 목돈이 나가 있었죠. 수입이 한정적이니 흐지부지 사라지는 푼돈을 붙잡아 투자자산으로 전환하고 싶은 욕구가 간절해졌고, 그동안 사놓고 쓰기 아깝다며 모셔두기만 했던 명품 하나를 중고 거래로 현금화했습니다. 그 돈은 없는 돈이라 생각하며 1주에 20만 원이었던 SK하이닉스를 5주 매수했고 결과는 성공이었지요. 물건으로 있을 때와 달리, 실시간으로 수익률이 올라가니 즐거웠습니다.

수익과 배당, 즉 돈이 일하면서 만든 금액으로 소비하는 것은 색다른 경험입니다. 한 번이라도 이 경험을 해 본 사람은 이렇게 낸 수익을 추가 소비하려는 궁리 대신, 투자금으로 다시 사용하면서 자산 늘리는 속도를 높여 갑니다.

어느 날, 지인에게 금리가 높은 금융상품을 알려줬지만 가입하기 힘들다는 대답을 들었습니다. 이유를 물어보니 당장 카드값으로 나갈 돈도 빠듯하다는 것이었죠. 나는 뭘 그렇게 샀냐고 물었고, 그는 가계부를 안 쓰니 잘 모르겠다고 하면서도 늘 돈이 없어서 불안해했습니다. 불안을 해소하기 위해 소비했지만 투자할 돈은 없으니, 재테크에 관심이 점점 멀어지는 악순환을 반복했죠. 처음에는 출발선이 비슷했지만, 시간이 지날수록 지인과의 자산 격차는 더 벌어져갔습니다.

'나도 자산이 일한 돈으로 소비하는 삶을 살고 싶어!' 하는 강렬한 욕구가 생겼다면 당장 오늘부터라도 시작하세요. 단, 수입을 늘리거나 소비를 줄여야 합니다. 둘 다 같이 하면 속도는 더 빨라지겠죠. 하나만 골라야 한다면 효과가 바로 나타나는 지출 통제부터 시작하세요. 안 쓰면 100% 할인이니까요. 소비에 신경 쓰는 습관을 제대로 만들면 나중에 소득이 늘더라도 지출은 크게 늘지 않습니다. 어쩌다 남은 돈이 생길 땐 없는 돈이라 생각하면서 반드시 저축하거나 투자자산으로 옮기세요. 처음에는 노력에 비해 적은 수익이라 기운이 빠질 수 있겠지만 그래도 포기하면 안됩니다. 몇 달 뒤에는 대중교통을 한 달 치의 굴려서 번 돈으로 탈 수 있을테니까요.

저도 처음에는 남의 얘기라고 생각했습니다. 하지만 계속 도전하다 보니 원금을 건드리지 않고 투자 수익으로만 한 달 치의 생활비를 지출할 날이 얼마 남지 않았다는 사실이 동기부여가 되어주었죠.

돈이 돈을 벌어다 주는 경험을 통해 소비 관점도 달라졌습니다. 먼저 자산가치가 떨어지는 물건이나 서비스에 무의미한 지출은 피하고 있습니다. 전국을 돌아다니는 강사로도 활동하고 있지만, 아직 자동차 없이 대중교통만 이용하는 것도 이유의 연장선이고요. 또한 질리고 지겹다는 이유로 물건이나 서비스를 쉽게 갈아타거나 소비하지도 않습니다. 정기 구독은 한 달 단위로 끊어서 결제하고요. 가끔 할인 이벤트가 있을 땐 더 저렴하게 이용할 수 있습니다. 필요할 때마다 매번 결제하면서 더 알차게 사용해야겠다는 다짐도 하지요. 달콤한 음료나 디저트를 먹기 위해 카페에 갈 때도 이유 없이 그냥 가지 않습니다. 독서, 가계부 또는 플래너 쓰기, 업무 등 목적을 갖고 최대한 카페 공간을 활용합니다. 음료 테이크아웃은 선물받았거나 이벤트 당첨 또는 앱테크로 교환한 기프티콘이 있을 때만 주로 이용합니다. 글만 읽었는데도 '이렇게까지 살아야 하나?' 숨이 턱 막힐 수 있습니다. 그럼에도 노력하고 신경 쓰는 만큼 자산은 계속 늘어날 수밖에 없다는 것을 알기에 멈출 수 없습니다. 무엇보다 미션 달성하듯 행동하는 것 자체에 재미를 붙이는 게 좋습니다.

투자한 지 몇 년 안 되었을 때는 높은 수익률만 얻으면 투자로 성공할 줄 알았습니다. 하지만 종잣돈이 충분하지 않으니 아무리 수익률이 높아도 기분만 좋을 뿐, 자산을 늘려주는 실질적인 수익금은 적었지요. 예를 들어 같은 종목에 투자했는데 여유 자금이 없던 A는 수익률이 100%였지만 1주만 있는 반면, 여유 자금이 많은 B는 수익률이 1%였지만 100주가 있다고 칩시다. B의 경우 조금만 주가가 올라도 A와의 수익 격차가 커질 수밖에 없습니다. 초보일 때는 수익률에 집착해도 큰 문제가 없지만, 장기적인 관점에서 투자자산을 늘려 점점 수익금도 증진하는 방향으로 전략을 바꿔야 합니다. 내 삶의 여유를 만들어 주는 것은 수익률이 아닌 수익금이기 때문입니다.

소비 통제로 담백한 소비를 유지하는 동시에, 몸값을 올리는 것에도 관심 가져야 합니다. 고정 수입이 있다고 끝이 아니라 꾸준한 자기 계발로 소득이 더 늘어날 수 있도록 신경 씁시다. 아쉽게도 우리나라는 아직 실력만으로 소득을 올릴 수 있는 환경이 아니고, 또 증명할 수 있는 무언가로 1차적인 가치를 매기는 곳이 많지요. 관련 자격증이 있느냐 또는 몇 개 있느냐, 관련 분야 대학원 졸업 등에 따라 시간당 가치도 달라집니다. 아니면 누구라도 알 수 있는 유명인이어야 하거나요. 불편하지만 이것이 현실입니다. 이 책을 다 쓸 때쯤엔 저는 아마 금융 관련 자격증을 공부하고 있을 겁니다. 40대가 되기 전엔 대학원 진학도 고려하고 있고요. 늦게나마 몸값

올리기에 에너지와 시간을 쏟는 이유는 소득을 더 많이 늘려 하루라도 빨리 경제적 자유를 이루고 싶기 때문입니다. 제게 경제적 자유란 완전한 은퇴가 아닌, 돈 때문에 하기 싫거나 불편한 일을 만들지 않는 것입니다. 그리고 가진 돈이 0원이던 스무 살 무렵, 처음 재테크를 시작하게 만든 '돈 때문에 하고 싶은 걸 포기하지 않기 위해서'라는 그 다짐을 유지하기 위해서이기도 합니다.

그러니 오늘도 각자의 경제적 자유를 위해 치열하게 살고 있는 여러분을 응원하겠습니다.

요니나의 주식계좌 포트폴리오

독자들의 이해를 돕기 위해
실제 요니나의 주식계좌 포트폴리오를 공개했습니다

처음부터 연금저축과 IRP 계좌를 동시에 관리하기는 쉽지 않다. 우선 1개로 세제 혜택을 받아보고, 투자 수익도 내면서 조금씩 익숙해지자. 아래의 팁은 처음 계좌를 선택할 때 투자할 수 있는 범위와 중도인출, 연간 세액공제 한도의 세 가지 항목을 기준으로 참고했다.

1. 투자할 수 있는 범위

연금저축과 달리 IRP는 반드시 원리금을 보장할 수 있는 상품에다 일정 비율을 납입해야 하는 조건이 있다. 이는 안정적이고 보수적으로 운용할 수 있다고 생각한다. 그러나 젊을 때는 적극적으로 투자할 수 있는 환경이나 분위기가 필요하고, 장기적인 관점에서는 오히려 단점이 드러나 큰 매력을 느끼지 못할 수 있다.

2. 중도인출

연금 상품에 납입한 금액은 최대한 찾지 않는 것이 좋다. 그동안 받았던 세제 혜택을 돌려내는 것도 있고 페널티가 없다 해도 한 번 빼기 시작하면 잘못된 습관으로 남을 수 있다. 그럼에도 중도인출에 대비하고 싶다면 연금저축펀드가 낫다.

3. 연간 세액공제 한도

연금저축 600만 원과 IRP 300만 원으로 총 900만 원, 혹은 IRP로만 900만 원, 연금저축만 600만 원 등의 방식으로 본인 재정 상황에 따라 연간 납입 목표를 정할 수 있다. 두 계좌 모두 활용하여 최대한의 세액공제를 받으려면 월 75만 원을, 연금저축만 활용하면 월 50만 원을 납입해야한다. 아무리 노후 준비라고 해도 사회 초년생에게 쉽지 않은 금액이다. 아직 연말정산, 종합소득세 때 세금을 돌려받는다면 한도를 꽉 채우기보다 월급의 5~10% 정도만 적금 넣듯 시작해 봐도 좋다. 연금 상품이 아무것도 없는 상태에서 처음 준비한다면 연금저축펀드를 추천한다.

나의 경우, 연금저축에다 납입한 후 다음 해 연말정산을 통해 세액공제 혜택을 받았다. 추가로 납입하면 공제를 더 받을 수 있다고 생각해 IRP를 새로 만들었다. IRP 세제 혜택은 1년에 300만 원까지 받을 수 있지만 우선은 연금저축펀드에 집중하고 있어, IRP는 월 10만 원씩 연 120만 원을 넣는다. 세금 신고 후 환급받은 돈은 연금 계좌로 넣어 부족한 납입금에 대한 부담을 줄이면서 관리하고 있다.

연금 상품은 무조건 넣는다고 세금을 돌려받는 것은 아니다. 이미 중소기업 청년 소득세 감면 혜택처럼 다른 공제가 있다면 세액공제를 최대로 못 받거나 아예 못 받는 경우도 생길 수 있다. 그러므로 사회 초년생일수록 무리하게 연금 계좌 비중을 올릴 필요는 없다. 만약 세제 혜택 이외의 노후 준비를 위한 장기적 접근이라면, 결정세액이 0원이라도 연금 상품에 납입해도 좋다. 하지만 종잣돈을 모으는 시기에 오랜 기간 묵혀야 하는 연금 상품은 후순위로 밀릴 수밖에 없다.

　연금에 부담감이 여전히 남아 있다면 ISA를 이용하여 중·단기 자금을 모으는 방법부터 시작하자. ISA 만기 때 연금 계좌로 이체하면 3,000만 원 한도에서 최대 300만 원까지 세액공제를 받을 수 있다. 이때 공제받지 않는 2,700만 원은 비과세로 언제든지 중도인출할 수 있다. 3년에 한 번씩 만기 혜택을 활용하면서 연금을 마련하자. 추가 팁은 연금저축펀드 계좌에 넣어야 남은 금액 중도인출이 가능하다.

구분	연금저축	IRP	ISA	받을 수 있는 최대 세액공제
세제 혜택 받기 위한 연간 납입 한도	600만 원	300만 원	300만 원 (3년에 1번)	1,200만 원

　2026년 기준으로, 관리하는 저축 및 투자 종목을 계좌별로 정리했다. 연금 계좌를 처음 만들었던 2020년 이후, 5년 만에 다시 종목을 추가하고 제거하면서 업데이트한 것이다. 처음에는 유튜브 영상이나 투자 서적에서 소개했던 포트폴리오를 참고했었다. 알려주는 방법대로 종목별 비율도 신경 썼지만, 투자 방법이 맞지 않았다. 애매한 종목들이 늘어났고 직접 고르지 않은 종목이다 보니 믿음도 없어 방치하게 되었다.

[Case 1] 저축

1) 비과세: 정부 정책 상품, 조건에 해당한다면 무조건 가입

2) 저율과세: 협동조합 적금 또는 예금으로 3,000만 원 혜택받기

3) 일반과세: 현재 기준 적금 연 4.5% 이상, 예금 연 4% 이상으로 출시하면 무조건 가입

[Case 2] 투자

1) 일반 주식계좌(국내): 배당보다는 매매차익을 위한 종목 위주 및 공모주 투자, RP 또는 발행어음 특판 상품 가입 용도

삼성전자	SK하이닉스

2) ISA 중개형 계좌: 배당주와 배당 ETF로 구성, 연 2,000만 원 입금을 목표로 최소 3년에서 최대 5년 만기 유지 계획, 만기 이후 일부 자금은 연금저축펀드 2로 옮길 예정

현대차	키움증권	KB증권	고배당주	배당 다우존스	RP

3) 연금저축펀드 1: 매년 세액공제 받기 위해 600만 원씩 입금

S&P500	나스닥	배당 다우존스	필라델피아 반도체
고배당주	머니마켓액티브	골드선물(H)	글로벌 반도체

4) IRP 계좌 1: 매년 세액공제 받기 위해 300만 원씩 입금

나스닥	미국나스닥100국채혼합50 액티브	KRX금현물	머니마켓액티브

5) KRX금통장: 월 1g씩 매수

6) 일반 주식계좌(해외): 연 250만 원 비과세 한도까지 수익 내는 용도

엔비디아	애플	오라클	SCHD	QQQM	SPHD

7) 소수점 계좌(해외): 월 10만 원씩 배당주 위주로 매매

일라이 릴리	페이팔	펩시콜라	애보트 래버러토리
월마트	알트리아 그룹	마이크로소프트	구글

8) 연금저축펀드 2: 수입의 10% 추가 납입(세액공제 받지 않는 계좌)

고배당주	머니마켓 액티브

9) IRP 계좌 2: 수입의 5% 추가 납입(세액공제 받지 않는 계좌)

TDF2050	SK리츠	리츠부동산인프라	일본부동산리츠(H)

지금은 주가가 떨어져도 기분 좋게 매수할 종목으로 재구성했다. 또한 자동 매수 시스템으로 매일 매수하고 평소보다 더 많이 하락했을 때는 직접 추가 매수하는 방식을 이용한다. 즉, 비율은 따로 정해놓지 않고 투자하는 방식이다. 수익률은 오히려 지금이 더 높고 스트레스는 쌓이지 않는다. 정답은 없으니 여러 방법을 적용해 보면서 나에게 맞는 최적화의 포트폴리오를 찾아 나가자. 해당 부록에서 언급하는 종목은 추천 종목은 아니다. 투자에 관한 결과는 투자자 본인에게 있음을 명심하자.

나에게 맞는 포트폴리오 구성법

아무리 좋은 금융상품이라도 본인 투자 성향에 따라 선택하는 게 중요하다. 요즘 워낙 정보를 접할 방법이 다양하다 보니 IRP나 연금저축펀드처럼 투자할 상품에 직접 가입하고 운영하는 비중이 늘고 있다. 그럼에도 아직 투자에 대해 마음의 준비가 필요하거나, 수익보다는 손실에 대한 불안감이 더 크다면 나만의 안전자산 금액을 정해 저축으로 단단하게 기본을 다지는 것부터 시작하자.

반대로 투자 수익률은 높지만 변동성이 심해, 오래 투자하기에 위험하다고 느끼는 상품 역시 본인 성향을 제대로 파악하지 않고 성급하게 접근했을 때 나타난다. 좋은 마음으로 시작했다가 스트레스로 납입을 멈추거나 운용마저 중단하는 사례가 빈번하다. 노후 자금 마련은 시간 자원이 충분하게 필요한 재테크다. 변화무쌍한 자본주의에서 살아남기 위해 기간을 길게 보면 투자상품이 유리한 것은 사실이다. 다만 기대 수익률이 높은 상품일수록 상대적으로 위험하고 투자 성과를 예측하기 더욱 힘들다. 속 편한 재테크를 원한다면 투자 성향을 충분히 반영해 본인에게 맞는 포트폴리오를 구성하는 게 1순위다. 어떤 것부터 시작할지 모르겠다면 연금 계좌에서 주로 다루는 ETF, 리츠 상품 등으로 도장깨기를 해보자.

처음부터 큰돈으로 단기간에 수익을 내겠다는 목표보다, 긴 호흡을 두고 떨어질 때마다 분할 매수나 목표 수익률에 도달하면서 분할 매도로 자본금을 늘려나가자. 앞서 설명한 적 있는 분할 매매법을 다시 복습해 보자면 100만 원을 투자할 수 있을 때 100만 원을 한 번에 매수하는 것이 아닌, 떨어질 것을 대비해 나누어 사는 것이다. 한 번에 10만 원어치를 매수하겠다면 10번 정도 추가 매수할 것을 생각한다는 말이다.

마지막으로 연말정산이 다가오는 11~12월에만 연금 상품을 관리하지 말고 연초부터 미리 준비하자. 한두 달 안에 집중해서 관리하려면 백만 원 단위의 목돈이 필요하다. 반면 12개월로 나눠 낸다면 납입 금액에 대한 부담이 줄어든다. 연말정산, 종합소득세 신고 후 돌려받는 금액이 있다면 공돈이라 생각하고 쓰지 말자. 어차피 없었던 돈이라 여기면서 연금 계좌에 넣어 노후를 위한 돈을 조금씩 늘려보는 것이다. 하루라도 젊었을 때 연금 투자에 관심을 두고 공부하자.

최소한의
1억 습관

초판 1쇄 2026년 4월 27일

지은이 김나연(요니나)
펴낸이 허연
편집장 유승현

책임편집 장현송
편집부 정혜재 김민보 고병찬 이예슬 민경연
마케팅 한동우 박소라 김영관
경영지원 김정희 오나리
디자인 김보현 한사랑

펴낸곳 매경출판㈜
등록 2003년 4월 24일(No. 2-3759)
주소 (04557) 서울시 중구 충무로 2(필동1가) 매일경제 별관 2층 매경출판㈜
홈페이지 mkbook.mk.co.kr   **스마트스토어** smartstore.naver.com/mkpublish
페이스북 @maekyungpublishing   **인스타그램** @mkpublishing
전화 02)2000-2631(기획편집) 02)2000-2646(마케팅) 02)2000-2606(구입 문의)
팩스 02)2000-2609   **이메일** publish@mkpublish.co.kr
인쇄·제본 ㈜M-print 031)8071-0961
ISBN 979-11-6484-875-1(03320)